B. Graf

Beitrag zur Geschichte des Schlosses und der Herrschaft

Brandenburg

B. Graf

Beitrag zur Geschichte des Schlosses und der Herrschaft Brandenburg

ISBN/EAN: 9783743682146

Hergestellt in Europa, USA, Kanada, Australien, Japan

Cover: Foto ©ninafisch / pixelio.de

Weitere Bücher finden Sie auf **www.hansebooks.com**

Königlich-Großherzogliches Progymnasium zu Diekirch.

Programm,

herausgegeben

am Schlusse des Schuljahres

1860-1861.

PROGYMNASE ROYAL GRAND-DUCAL DE DIEKIRCH.

PROGRAMME,

publié à la

Clôture de l'année scolaire

1860 — 1861.

Auszug aus dem allgemeinen Reglemente
für höheren und mittleren Unterricht vom 24. Januar 1850.

Art. 1. Das Progymnasium von Diekirch umfaßt :
      I. Eine vorbereitende Klasse ;
      II. Vier Gymnasial= Klassen ;
      III. Gewerbliche Curse in zwei Klassen.

Art. 7. Der Studienplan des Progymnasiums ist derselbe wie der für die vorbereitende Schule und die vier untern Klassen des Gymnasiums zu Luxemburg.

Zu den beiden untern Klassen des Progymnasiums ist das Studium der alten Sprachen nicht verbindlich und treten an dessen Stelle, für diejenigen Schüler, welche sich nicht den Humanioren widmen, gewerbliche und Ackerbau=Curse.

Extrait du règlement général
d'enseignement supérieur et moyen, en date du 24 Janvier 1850.

Art. 1. Le progymnase de Diekirch comprend:
      I. Une classe préparatoire ;
      II. Quatre classes gymnasiales;
      III. Des cours industriels en deux classes.

Art. 7. Le plan d'études du progymnase est le même que celui de l'école préparatoire et des quatre classes inférieures du gymnase de Luxembourg.

Dans les deux classes inférieures du progymnase l'étude des langues anciennes est facultative et remplacée par des cours industriels et agricoles pour les élèves qui ne se destinent pas aux études humanitaires.

Beitrag zur Geschichte des Schlosses
und
der Herrschaft Brandenburg.

Trauernd denk' ich, was vor grauen Jahren
Diese morschen Ueberreste waren:
Ein berühmtes Schloß, voll Majestät,
Auf des Berges Felsenstirn erhöht!
Matthisen.

Durch gütige Vermittelung des Herrn Präsidenten der Luxemburger-Archäologischen Gesellschaft, ward dem Verfasser der diesjährigen Programm-Abhandlung ein Manuscript des verstorbenen Herrn Crischen, Pfarrer zu Burscheid, zugestellt. Diese Arbeit, die ein wahres Knäuel von Detail ist, zeugt eben so von den Geschichts-Kenntnissen des Verfassers, wie von seinem geduldig-ausdauerenden Fleiße. Es versteht sich mithin von selbst, daß wir dieselbe vielfach benutzt haben. Mit Freuden ergreifen wir die Gelegenheit, andurch dem Herrn Präsidenten Engling unsern tiefgefühlten Dank für die Bereitwilligkeit abzustatten, mit welcher er uns das genannte Manuscript zur Verfügung gestellt.

Hauptquellen außer dieser Arbeit waren sodann für uns:

1° Bertholet, histoire du Duché de Luxembourg et Comté de Chiny.

2° Eiflia illustrata, von Schannat, übersetzt und vermehrt durch Herrn Bärsch.

3° Publications de la société pour la recherche et la conservation des monuments historiques dans le Grand-Duché de Luxembourg.

Über die Abhandlung selbst möge uns ein Wort gegönnt sein. Der für dieselbe angewiesene Raum ist genau und eng begrenzt. Wir mußten deßhalb sehr kurz sein und trotz der Kürze, ehe wir die Geschichte Brandenburgs zu Ende geführt, abbrechen. Daß Dietkirch für ein Quellenstudium ungünstig ist, bedarf keiner Auseinandersetzung, auch mag dieses Umstandes wegen das Mangelhafte der Arbeit wenigstens theilweise seine Entschuldigung finden.

Schloß Brandenburg.

Unweit Dietkirch, sieben Stunden nord-östlich von Luxemburg und anderthalb Stunden westlich von Vianden, liegt, in einem äußerst romantischen, von etwa 200 Fuß hohen Hügeln eingeschlossenen Thale, auf steilem, schwer zugänglichem Schieferfelsen, die noch heute in ihrem Verfalle imponirende Schloßruine Brandenburg. Noch vorhandene Urkunden nennen dies einst so mächtige Castell:

Brandinburg[1], Brandemberch[2], Brandeberch[3], u. s. w.

Nach Herrn de la Fontaine bezeichnet das Wort „Brand“,

[1] Bertholet, hist. eccl. et civ. du Duché de Luxembourg et Comté de Chiny. V. P. just. XXV (1244).

[2] Dr. Neyen, histoire de Vianden, P. just. XXVI (1270).

[3] Publications arch. XV, p. 149, n° 537 (1275).

welches dem Worte Burg vorgesetzt ist, einen Ort, der behufs Anlegung menschlicher Wohnung durch Feuer entwaldet wurde⁶. Die noch bis auf den heutigen Tag mit Hecken und Wald bedeckte Umgegend der Schloßruine, bestätigt vollkommen diese Erklärung. Die Überreste dieses ehemaligen herrschaftlichen Sitzes und der zu ihrer Zeit bedeutenden Bergfestung⁵, bestehen nur noch aus einer starken, zum größten Theile aufrecht stehenden Ringmauer, und zahlreichen alterthümlichen Thürmen, worunter ein dicker, viereckiger in der Mitte des Schlosses emporragender, besonders wegen seiner Größe auffallend ist. Vom Thale aus, durch welches das Flüßchen Blees sich schlängelt, führt ein jäh aufsteigender Weg zu dem der Mitternachtseite zugewandten Haupteingangsthore. Rechts vor diesem gewahrt man, wie Hr. Engling hervorhebt, einen antiken, einige Fuß vom Boden eingemauerten, über drei Fuß langen, röthlichen Sandstein, auf dessen größerer Seitenfläche ein noch kenntlicher Triton mit geschwungener Posaune auf einen Marathonischen Stier losziehend im Relief abgebildet ist⁶. Nach Aler. Willheim⁷ rührt dieser Stein von einem Monumente her, das sich am linken Sauerufer, Ingeldorf gegenüber, befand, und das wahrscheinlich das Grab eines angesehenen Römers bezeichnete. Die Veste, anfänglich ohne große Bedeutung, hielt mit dem Emporblühen dieser Herrschaft gleichen Schritt und gewann durch neue Bauten und Befestigungen im Laufe der Zeit nicht geringe Schönheit und Stärke, wovon die noch vorhandenen Überreste sprechende Zeugen sind. Diese nur wenigen Worte über Lage, Namen und Umgebung des Schlosses Brandenburg mögen genügen, um so mehr da wir uns erlauben den geneigten Leser auf die einschlagenden Beschreibungen Bertels⁸, Bertholets⁹, Bärsch's¹⁰ und Freses¹¹ zu verweisen und wollen deßhalb gleich mit unserer eigentlichen Geschichte anheben.

⁵) Id. XII, p. 36.
⁶) Id. IX, p. 36.
⁶) Id. § 6, p. 75. Das Bruchstück eines römischen Grabsteins zu Brandenburg von Herrn Engling: „Von diesem Stiere ist nichts mehr übrig als der Kopf. Neben diesem, auf der kleinern Seitenfläche, sieht man einen Haifisch, mit abwärts gekehrtem Kopfe. Die obern Randverzierungen bestehen aus lauter an- und übereinander gelegten Meermuscheln."
⁷) Aler. Wilrheim, Lur. Rom., gibt Abbildungen dieses Steines, p. 300, p¹, 88, fig. 396 und 397.
⁸) Bertels, historia Luxemburgensis, edit. recog., p. 251.
⁹) Bertholet, VI, p. 149.
¹⁰) Bärsch, Eiflia illustrata, III, 2. Abth., 2. Abschn., p. 249.
¹¹) Frees, album pittoresque du Grand-Duché de Luxembourg.

Stammhaus der Herren von Brandenburg.

Alle Luremburger Geschichtschreiber sind darin einig, des Schlosses und der Herrschaft Brandenburg Ursprung von dem Grafenhause von Vianden herzuleiten. Bertholet¹¹ gibt zu, daß wohl keine Urkunde, diese Annahme zu beweisen, vorhanden sei, doch spreche dafür die allgemein verbreitete Überlieferung. Diese einstimmige Meinung, daß das Haus Brandenburg eine jüngere Linie¹² des Hauses von Vianden sei, wird noch dadurch bestärkt, daß sich bei der Familie von Brandenburg noch das ursprüngliche Wappen jenes alten Grafenhauses¹⁴ vorfindet, nämlich ein Schild im rothen Felde (de gueules à l'écusson d'argent), wie das Siegel beweist, welches sich an zwei verschiedenen Urkunden von Johann (1394) und Godart II (1454) befindet: „ein kleines dreieckiges (silbernes) Schild im rothen Felde, auf dem Helme zwei aufrecht stehende Klauen"¹⁵, mit dem Unterschiede jedoch, daß die von Brandenburg als Abzeichen der jüngern Linie einen Querbalken im Schilde führten¹⁶ (écusson en almme). Die Gründung der Herrschaft Brandenburg selbst wird aber dem reisigen Grafen Friedrich I, der in der ersten Hälfte des zwölften Jahrhunderts herrschte, zugeschrieben. Dieser Graf lebte¹⁷ noch 1148 und Bertholet¹⁸ glaubt sogar, daß er wenigstens bis zum Jahre 1150 regiert habe. Vor das Jahr 1150 v. Chr. ist also jedenfalls

¹¹) Bertholet, VI, p. 149.
¹²) An dem Pfarrhause von Brandenburg, welches sehr alt ist, befinden sich über der Eingangsthüre die Wappen der Grafen von Vianden und der Herren von Brandenburg; als Schildhalter des erstern ist ein Löwe dargestellt, letzteres wird von einem Hunde gehalten. Pfarre Brandenburg von Herrn Harpes. Publicat. VIII, p. 60.
¹⁴) Brandenburg's Wappen war eben dasselbe, wie das des Grafenhauses von Vianden bis zum Jahre 1288, der Schlacht von Wöhringen, seit welcher letzteres Haus das Wappen von Löwen annahm und späler auch beibehielt. Es stritt nämlich an jenem bedeutungsvollen Tage Gottfried II, Graf von Vianden, als Vasall an der Seite des Herzogs Johann von Brabant, und das in der Schlacht zur Erde gesunkene Banner des Hauses Verweis wurde auf und nahm zum Andenken das Wappen dieser Familie, einen silbernen Balken im rothen Felde, an (de gueules à la face d'argent). Bärsch, Eifl. illustr. III, 2. Abth., p. 221. — Dr. Neyen, hist. de Vianden, p. 61. — Pierret, III, art. Vianden.
¹⁵) Bärsch, Eifl. ill. II, 1. Abth., p. 68.
¹⁶) Publicat., IV, p. 146. Versuch einer Geschichte der Herrschaft Berg v. Herrn Dech. Linden. — Dr. Neyen, biographie luxembourgeoise, p. 99.
¹⁷) Dr. Neyen, histoire de Vianden. — Balderic, chron. gesta Trevirorum, c. 85. — Ab Hontheim, hist. Trevirensis diplom. et prapm. I, p. 557.
¹⁸) Bertholet III, ant. vol. XLIII.

die Zeit der Gründung unseres Schlosses und seiner Herrschaft zu verlegen.

Gottfried, Graf von Vianden, erster Herr von Brandenburg. 1150—1192.

Der erste Herrscher im Hause Brandenburg und so der Ahnherr dieses Geschlechts war Gottfried [19], der jüngere Sohn des oben genannten Grafen Friedrich I von Vianden. Derselbe soll Brandenburg [20] als seinen Antheil am ritterlichen Erbe erhalten haben, wie eine in späteren Zeiten verfaßte, unten angegebene Urkunde erweisen wird. Sollte auch Note 20 keinen größeren Werth als den einer Sage beanspruchen, so steht es jedoch fest, und zwar eben weil die Herrschaft Brandenburg eine Seitenlinie Viandens ist, daß Brandenburg, dessen Bering früher zu Vianden gehörte, dem jüngsten Sohne Gottfried, als väterlicher Antheil zugefallen sein muß. Gottfried war ein Bruder, des nach des Vaters Tode regierenden Grafen Siegfried von Vianden (1153—1186), so wie auch jenes berühmten Abtes Gerard von Prüm, welcher mit seiner, an Albert von Mühlbach, verheiratheten Schwester Adelheide, in den Jahren 1189—1190, die adelige Abtei von Nieder-Prüm gegründet hat. Brandenburgs Herrschaft, anfänglich von geringer Ausdehnung, erstreckte sich über folgende Ortschaften: Bann nebst Gebiet Landscheid, die Dörfer Gralingen, Nachtmanderscheid, Merscheid und Weiler. Gleichzeitig erhielt der Erbauer des Schlosses Brandenburg von seinem Vater Friedrich I die Hohe-Mittel- und Grundgerichtsbarkeit über die Unterthanen der genannten Ortschaften [21]. Als wirklicher Eigenthümer seines väterlichen Erbes war Gottfried, gleich seinem Stammhause, frei von aller und jeder Lehnmannschaft der Grafen von Luxenburg und erkannte einzig und allein die Oberherrlichkeit der Grafschaft Vianden an. Es versteht sich, daß er, wie alle Edeln, der Reichsoberhoheit unterworfen war. Welchem Hause Gottfried's Gemahlin entsprossen, welche Mitgift diese erhalten, mit wieviel Kindern seine Ehe gesegnet war, dies Alles ist uns unbekannt. Eben so müssen wir bedauern, Weiteres über Gottfried's Thätigkeit, als des ersten Gründers von Brandenburg, nicht mittheilen zu können.

Gerhard, zweiter Herr von Brandenburg. 1192—1212.

Von diesem Herrscher hat uns die Geschichte ebenfalls sehr wenig aufbewahrt. Die Geschichtschreiber nennen ihn einstimmig Gottfried's Sohn [22] und somit zweiten Herrn von Brandenburg. Bertholet [23], der seine Lebenszeit bis zum Jahre 1240, einige Jahre vor der Freimachung der Stadt und Bürger von Luxemburg durch die Gräfin Ermesinde (1244) ausdehnt, verwechselt ihn wahrscheinlich mit einem nachfolgenden Herrscher. In dieser letzten Urkunde vom Jahre 1241 [24] kömmt Godart von Brandenburg vor, so wie der nämliche Godart schon acht Jahre früher in der Urkunde der Freimachung der Stadt Echternach 1236 [25] angeführt wird, und sich unter den 25 von Bertholet nicht angegebenen Edeln der Grafschaft befindet. Ferner kann Gerhard nicht einmal bis zum Jahre 1214 [26], der Hochzeit der Gräfin Ermesinde mit Walcram von Limburg, Marquise von Arlon, geherrscht haben, weil bei dieser Feierlichkeit Albert, Herr von Brandenburg zugegen war. Es findet also bei Bertholet eine Namensverwechselung der beiden Herrscher Gerhard und Godart Statt, daoffenbar ist, daß letzerer wenigstens von 1236 an Herrscher von Brandenburg war. Auch ist es nicht leicht wahrscheinlich, daß die beiden Herren Gottfried und Gerhard dem Hause Brandenburg ungefähr hundert Jahre vorgestanden, während wel-

---

[19] Id. — Bärsch, Eifl. III. I, 2. Abth., p. 968. — Dr. Noyen, hist. de Vianden, p. 70.

[20] In dem uns vorliegenden Manuscripte Eyschen, befindet sich der Inhalt einer Urkunde, mitgetheilt von Hrn. Kalbersch, weiland Pastor in Erpeldingen, die Folgendes enthält: Gottfried habe seinen Vater Friedrich bei einer Durchreise in die westlich gelegenen Besitzungen seiner Herrschaft begleitet, vermuthlich um denselben den väterlichen Antheil seiner Grafschaft anzuwählen und für die Zukunft festzustellen. Da habe der Jüngling, Graf Gottfried, seinen Vater zu wiederholten Malen gefragt: Vater, gehört dieser Wald, diese Wiese, dieses Ackerstück ec. auch und noch unserer Herrschaft zu? worauf ihm zulezt sein Vater geantwortet: „Ja, mein Kind, sie gehören alle mir zu, aber von jetzt an werden dieselben dein väterliches Erbtheil ausmachen." Es wurde, bemerkt Hr. Eyschen, dem jungen Grafen Gottfried sein Besitz angewiesen und eingeräumt und zwar im Jahre 1150, einige Jahre vor Friedrich's Tode.

[21] Ueber das Verhältniß der Herren zu ihren Unterthanen, s. Publicat. IV. Versuch einer Geschichte der Herrschaft Berg v. Hrn. Dechanten Vinden, p. 111, die Einleitung dazu. — Publicat. VII, p. 197: Observations sur la charte d'affranchissement de la ville de Luxembourg, par M. de la Fontaine, ancien gouverneur.

[22] Bertholet III, ant. vol. XLIII.

[23] Id. VI, p. 149—150.

[24] Id. V, P. J. XXV. — Publicat. VII, p. 197, charte d'affranchissement de la ville de Luxembourg avec un commentaire du M. de la Fontaine.

[25] Id. IV, P. J. LXV. - L'Evêque de la Basse-Moûtorie, Itinéraire du Luxembourg germanique, p. 257 et 421.

[26] Id. IV, p. 320. P. J. XLV.

cher Zeit vier regierende Grafen, Siegfried, Gottfried, Friedrich II und Heinrich I, in Bianden lebten. Gerhard nimmt also in der Reihenfolge der Herrscher Brandenburgs, um der Aussage Bertholet's nicht zu widersprechen, die zweite Stelle ein, lebte aber höchstens bis zum Jahre 1212 oder 1213. Er herrschte über Brandenburg von dem Jahre 1192 an, wo der Tod seines Vaters Gottfried, wie Bertholet behauptet, was jedoch nicht ganz zuverlässig ist, erfolgt sein soll. Weitere Urkunden, die im Stande wären uns größern Aufschluß über diesen Herrn zu geben, mangeln uns.

Albert, dritter Herr von Brandenburg. 1212—1230.

Albert, wahrscheinlich ein Sohn Gerhard's, ist uns bloß dem Namen nach bekannt, aber durch jene oben angeführte Urkunde von 1214, als Herr von Brandenburg erwiesen. Eine Urkunde jedoch besitzen wir, vermittelst derer es vielleicht möglich wäre einer ersten Verbindung des Hauses Brandenburg auf die Spur zu kommen. Dieses Dokument ist uns aufbewahrt in dem Testamente der Gräfin Ermesinde vom Jahre 1246 [37]. Unter den Testamentsexecutoren wird angegeben der Prior der Prediger-Mönche von Trier, gewöhnlich Walther von Mensenburg, hier aber Bruder Walther von Brandenburg genannt (executores autem hujus testamenti statuo Fratrem Waltherum de Brandenbourg). Dieser Walther, der im Leben der Gräfin Ermesinde eine bedeutende Rolle spielt, war der Sohn Adelin's von Mensenburg [38]. Adelin von Mensenburg kömmt in den Jahren 1191—1256 vor [39]. Er war Rath der Gräfin Ermesinde und des Grafen Heinrich II und hatte außerdem noch zwei andere Söhne, Eberhard und Gottfried. Es steht daher fest, daß entweder Adelin oder dessen Gemahlin dem Hause Brandenburg entsprossen ist und folglich Bruder respective Schwester von Albert von Brandenburg war, denn nur wegen dieser Abstammung konnte Walther von Mensenburg auch mit dem ebenso berechtigten Namen „von Brandenburg" benannt werden. Hieraus lernen wir demnach die erste Verbindung Brandenburg's mit dem vornehmen Hause Mensenburg kennen. Aus dem Umstande, daß

Arnold [30] von Marlieres, Herr zu Falkenstein, dem Sohne Eberhard's, (welcher ein Sohn Adelin's war) von Mensenburg-Brandenburg, Wilhelm, Mönch zu St. Maximin, Schutz leistete, als der Trierische Erzbischof Heinrich II (von Vinstingen) ihn 1281 der Abtei St. Mathias als Abt aufdringen wollte, wäre vielleicht auf eine weitere Verbindung mit Falkenstein zu schließen.

Dem Namen Albert begegnen wir noch in einer Urkunde [31] vom Jahre 1214, wo Waleran und Ermesinde der Kirche von Cambrai viele Güter im Luxemburgischen und Limburgischen schenkten, eine Urkunde, die nach der Meinung des gelehrten Ernst apokryphisch ist, und daher uns ohne Gehalt erscheint. Sein Tod wird in das Jahr 1230 zu setzen sein, wo ihm sein Sohn Godart in der Herrschaft folgte.

Godart, vierter Herr von Brandenburg. 1230—1250.

Die erste Periode der Herrschaft Brandenburg ist, wie wir bis jetzt wahrgenommen, ziemlich in's Dunkel gehüllt. Auch diesen Herrscher kennen wir nur durch die zwei oben citirten Urkunden, der Freimachung der Städte Echternach und Luxemburg von 1236 und 1244. Aller Wahrscheinlichkeit nach stammte seine Gattin aus einem Ritterhause von Bassendorf, da die Güter des Ritters Aegidius (miles dictur de Bassendorph), der in einer Urkunde von 1237 [32] bei der Bestätigung des Patronatrechtes von Bederich an das Priorat von Marienthal durch zwei Herrn von Mersch vorkömmt, bald nachher an Falkenstein und Brandenburg übergingen. Alle sonstigen Verhältnisse seines Lebens sind uns unbekannt. Noch zu bemerken ist, daß das Haus Brandenburg sehr früh eine eheliche Verbindung mit der Herrschaft Berg (Brückerberg) [33] geschlossen haben muß, da es Erbgüter in jener Herrschaft besaß und die Mitherrschaft über dieselbe ansühte. Die Zeit, in welche jene Heirath fällt, so wie auch unter welchem Herrscher sie Statt gefunden, haben wir nicht ermitteln können.

Johann, fünfter Herr von Brandenburg. 1250—1286.

Johann, Godart's Sohn, wird in einer Urkunde vom

[37]) Bertholet V, p. 72 et P. J. XXIX.
[38]) Baersch, Eifia illustrata III 2. Abth. p. 318.
[39]) Id. In den Tagebüchern des Klosters Marienthal wird, nach Bkech, seiner mit den Worten erwähnt: „VII Idus December, Oblit Dominus Hadelinus de Meysenburgh."

[30]) Id. III, p. 318.
[31]) Publicat. XIV., table chronolog. des chartes . . . . par M. Fr. X. Wurth-Paquet, p. 77 — Ernst, hist. du Limbourg, IV p. 15 et 16.
[32]) Bertholet, V p. 5. — Publicat. XIV., p. 97.
[33]) Publicat. IV, p. 139. Geschichte der Herrschaft Berg von Herrn Dechanten Linden.

Jahre 1279 erwähnt [24]. Nach dieser Urkunde ist seine Gemahlin, deren Name nicht angegeben, einem Ritterhause
von Ingeldorf entsprossen, woraus wir schließen dürfen, daß
auch er ein Anrecht auf jene Herrschaft hatte. Mit seinem Schwager Werner von Ingeldorf gerieth Johann in
Fehde, wahrscheinlich wegen Erbschaftsangelegenheiten. Er
nahm ihn gefangen und sperrte ihn in einen Thurm zu
Brandenburg ein. Alle Bitten zu Gunsten Werners halfen
nichts, so daß zuletzt dessen Verwandte sich genöthigt sahen,
die Hülfe des Grafen Heinrich III von Luxemburg anzuru-
fen. Der Vater dieses Grafen, Heinrich II (1261—1270) hatte
schon einige Jahre vorher das mächtige Grafenhaus von Vianden, bis hieher von jeder Lehnmannschaft der Grafen von Luxemburg unabhängig, getheilt, und den Grafen Philipp I
und dessen Neffen Heinrich von Schönecken, zu Lehnmannen
der Grafschaft gemacht. Wirklich erschienen Heinrich III zu
Ingeldorf und in seiner Begleitung der Ritterrichter Aegidius von Rodemachern, der Truchseß der Grafschaft, Re-
dolph von Sterpenich, Johann von Weiler zum Thurme
nebst andern Rittern (1279). Der Befehl wird gegeben den
gefangenen Werner in Freiheit zu setzen und dann soll-
ten die beiden streitenden Parteien ihre Streitfrage seinem
Obergerichte zur Schlichtung vorlegen. Werner aber erklärte
vor diesem Gerichte, seinen Schwager Johann, so wie alle
diejenigen, welche in der nämlichen Angelegenheit Ansprüche
an ihn gestellt, befriedigt zu haben, und bekräftigte diese Erklärung mit einem schrecklichen Verwünschungseide. Auch
Werners Sohn, Ritter Rufus von Ingeldorf, huldigte dem
Grafen Heinrich IV nach seiner Vermählung mit Margaretha von Brabant 1292 [25]; mit ihm aber scheint der Mannesstamm jenes Ritterhauses erloschen zu sein. Die Besitzungen desselben fielen wahrscheinlich durch Erbschaft an die
Häuser Brandenburg, Vittingen, Burscheid und Falkenstein.
Heute ist jedwede Spur dieser Burg verschwunden.

Eine Schwester Johann's, Gertrud [26] (möglicherweise
war sie nur seine Tante), war verheirathet an Thomas
(Hermann) von Veldenz. Eine Tochter aus dieser Ehe (deren Name in der Urkunde nicht genannt ist), war an den
Ritter von Hunkeburch verheirathet. Die vier Söhne derselben: Hermann, Johann, Bruno und Gislbert fordern
1295 von der Abtei St. Marimin, die Erbgüter ihrer
Großmutter, Gertrud von Brandenburg, in deren Besitz
diese, nächst Trier gelegene Abtei damals war, zurück. Gertrud hatte nämlich vor ihrem Hinscheiden, den 25. Juni
1278 [27], alle ihre Güter, welche in der Grafschaft Luxemburg lagen, ihrem Neffen Johann von Schmidburg, einem
Sohne Bruno's, geschenkt, unter der Bedingung, daß sie der
Abtei St. Marimin zukämen, im Falle der Neffe sie ver-
taufe. Letzterer aber trat in besagtes Kloster ein und schenkte
jene zu Waldbredimus gelegenen Güter demselben zum See-
lentroste seiner Großmutter (pro salute animae suae) [28].
Die Abtei St. Marimin verweigerte durchaus die Rück-
gabe dieser Güter, zuletzt kam man jedoch überein, die Sache
Schiedsrichtern, die von beiden Parteien gewählt wurden,
anheim zu stellen. Der Schiedsrichterspruch der Ritter Friedrich von Hencenberch und Rudolph von Hollels, welchen
die vier Enkel Gertruds endlich annahmen, erkannte der Abtei die Güter zu Waldbredimus als wirkliches Besitzthum
zu [29]. Wahrscheinlich hatte Brandenburg in der ersten
Hälfte des 13. Jahrhunderts diese Güter, welche Gertrud
als Erbe erhielt, durch Ehebündnisse erworben. Wie wir
aus der nämlichen Schenkung von 1278 gewahren, hatte
Johann von Brandenburg noch eine zweite Schwester oder
Tante, welche an den Ritter von Schmidburg vermählt
war, da ja Gertrud dessen Sohn Johann, ihren Neffen
nannte.

Da die Herren von Falkenstein seit der Mitte des 13.
Jahrhunderts Güter in der Herrschaft Brandenburg besaßen,
unter anderen ein Burghaus in Landscheid und das Patro-
natrecht der Pfarrkirche daselbst, so ist anzunehmen, daß
eine Erbin von Brandenburg, vielleicht die Gemahlin Arnold's, diese Güter durch Heirath an Falkenstein gebracht
hatte. In diesem Falle wird es eine Schwester von Johann
gewesen sein.

Johann ist auch nach allem Vermuthen jener Herr von

---

[24]) Publicat. III, p. 27. n° 1: Warnerus dominus de Engen-
dorf, sororius Iohannis de Brandenbourgh, in praesentia viri no-
bilis H. comitis Luxemburgensis, apud Diekirchen .... notum
facit dictum Iohannem, sororium suum ac sibi adherentes assecu-
rasse. — Es ist dies eine der vielen interessanten Urkunden über die
Geschichte Brandenburgs, welche der Freiherr von Blochausen, jetzi-
ger Besitzer der Burg, die Güte hatte der archäologischen Gesellschaft
zu verehren und die von letzterer in ihren Publicationen (III p. 27)
veröffentlicht worden ist.

[25]) Bertholet V, p. 269.

[26]) Bertholet VI, p. 160. — P. J. LXXVIII

[27]) Id. VI, p. 150. — Publicat XV, p. 156. Gertrude, veuve de
Hermann de Voldentz, donne tous ses biens à Brédinis, et tous
les autres biens, situés dans le Luxembourg, à Jean scolari de
Smydebourg, son neveu, à condition qu'ils viendront à St. Maximin, si le neveu les vend....

[28]) Bertholet V, P. J. LXXVIII.

[29]) Id.

Brandenburg, der mit Gottfried von Esch und anderen Rittern des Grafen Philipp I von Vianden Vasallen-Huldigungsakt unterzeichnet hat [40].

Aus diesem Wenigen erhellet, daß Johann ein fehdelustiger und unbeugsamer Herrscher war, mit dem auf gütlichem Wege nicht leicht ein Vergleich zu Stande kam. Einige Jahre nach jener Fehde starb er, wahrscheinlich 1281. Auf ihn folgt sein Sohn Gottfried.

Gottfried II, sechster Herr von Brandenburg.
1281—1296.

Gottfried ist schon vor dem Tode seines Vaters in einer Urkunde vom Jahre 1275 erwähnt, welche den Vergleich enthält, den Rudolph von Sterpenich zwischen Gottfried, Ritter von Brandenburg (Brandenberch) und dem Kloster von Marienthal abschloß, behufs Abtretung der Güter zu Ealenbach (bona jacentia retro ecclesiam vallis beatæ Mariæ) [41]. Als eigentlicher Herr von Brandenburg (dominus de brandenberch) war er zugegen 1282 bei der Bestätigung der Privilegien von Luxemburg durch Heinrich III [42], welches wahrscheinlich das erste Jahr seiner herrschaftlichen Regierung ist. In einer Urkunde des Grafen Gottfried II von Vianden 1283, abgefaßt Montags vor Mariä Lichtmeß, erscheint Gottfried (Sire de Brandenburg) mit Heinrich von Schönecken, Rudolph von Sterpenich, Walther von Wiltz und andern Edeln, als Bürge des erwähnten Grafen Gottfried II gegen den Grafen Heinrich III von Luxemburg, welcher den Grafen von Vianden gefangen hielt, damit weder er, noch seine Lehnmannen einen feindlichen Angriff gegen den Grafen von Luxemburg, so lange der Krieg zwischen diesem und dem Herzoge von Brabant dauere, unternehme [43].

Unter seiner Herrschaft fand am 5. Juni 1288 die berühmte Schlacht von Wöringen Statt, welche für das Grafenhaus von Luxemburg so unglücklich ausfiel und unter den vielen Edeln der Grafschaft auch Herren von Brandenburg, Mensenburg, Mirouart und Burscheid wegraffte [44]. Leider hat die Geschichte uns blos die Namen dieser vier Helden aufbewahrt!

Im Jahre 1293 machte er sich zum Lehnmann des Erzstiftes von Trier (unter dem Erzbischofe Boemund) mit den Herren von Neuerburg, Mensenburg und Berburg [45]. Gottfried hatte mehrere Söhne, zu denen wahrscheinlich jener Ritter von Brandenburg zählte, der in der Schlacht von Wöringen fiel.

Diedrich als ältester Sohn folgte in der Herrschaft. Sein dritter Sohn Friedrich erwarb sich durch seine Vermählung mit der Erbin von Neuerburg diese Herrschaft. Seine einzige Tochter Lucia ward die Gemahlin Johann's von Dollendorf [46]. In Vereinigung mit seinem ältern Bruder Diederich gelangte er durch Kauf zur Mitherrschaft von Esch, die ihnen durch Cuno, Herrn zu Ouren, und seiner Gemahlin, die aus jenem Hause an der Obersauer stammte und welche die bedeutendste Erbin desselben war, angeboten wurde. Im Jahre 1332 befreite Friedrich von Brandenburg-Neuerburg, auf den Rath des Königs Johann von Böhmen, Grafen von Luxemburg, die Einwohner von Neuerburg, welche Freiheiten der nämliche Johann 1339 [47] als Anläufer der Stadt Neuerburg bestätigte. Friedrich von Neuerburg muß bald nach dieser Freimachung gestorben sein. Es erhellt dies aus einer Verkaufs-Urkunde von Esch-Neuerburg 1332 durch seinen Sohn Friedrich I von Cronenburg.

Außer diesen genannten Söhnen Gottfried's finden wir nocheinen Johann von Brandenburg, der sich auch Herrn von Mensenburg nennt, wahrscheinlich deßhalb, weil seine Gemahlin aus diesem Hause stammte. Gemäß einer Urkunde von 1289 machte er den Johann von Luncourt, genannt den Wallonen, für immer sich unterthänig und zum Lehnmann [48]. Ob dieser Johann von Brandenburg ein Sohn oder ein Bruder Gottfried's sei, können wir aus Mangel an Urkunden nicht bestimmen. Gottfried hatte zum Nachfolger seinen erstgebornen Sohn Diedrich.

Diedrich, siebenter Herr von Brandenburg.
1296—1326.

Diedrich's Gemahlin, eine Schwester Gertrud's von Falkenstein [49], die an Gerhard von Schönecken verheirathet war,

[40]) Barth V, p. 207. — Dr. Neyen, hist. de Vianden. P. J. XVI : le sire de Brandemberch.

[41]) Publicat. XV, p. 149, n° 587.

[42]) Bertholet V, p. 220. P. J. LXX.

[43]) Dr. Neyen, hist. de Vianden, p. 135.

[44]) Bertholet V, p. 272.

[45]) Masen Epit. Ann. Trev., p. 493. — Brower ann. Trev. II, p. 173.

[46]) Baersch, Eifl. ill. I, 1. Abthl. p. 358 — 363 — 450.

[47]) Baersch VI, p. 98. P. J. XXXVIII.

[48]) Publicat. III, p. 27 n° 2.

[49]) Baersch, Eifl. ill. I, 3. Abthl. p. 651.

stammte aus dem Hause Fallenstein. Nach aller Wahrscheinlichkeit war sie auch eine Schwester Boemund's von Falkenstein, Sohn von Arnold aus der Linie Martierce-Neuschateau. Diedrich erwarb sich durch diese Heirath einen Antheil an dem Hause Fallenstein. Durch seine Verschwägerung mit Gerhard von Schöneden, Gemahl Gertrud's, kam es auch, daß er nach dem Tode desselben nebst Hartard von Merenberg als Nebenvormund erscheint über dessen fünf hinterlassene Kinder: Hartard, Gerhard, Johann, Elisabeth und Margaretha [50].

In einer Urkunde vom Jahre 1302 kömmt Diedrich von Brandenburg mit Friedrich von Neuerburg und Arnold von der Fels vor; dieselben schließen einen Vertrag mit dem Erzbischofe und Churfürsten Diether (Grafen von Nassau) von Trier, durch welchen sie sich verpflichten, demselben für die Summe von 1200 Pfund kleiner Turnosen gegen den Herzog Albert von Oestreich beizustehen. Diedrich von Brandenburg sollte für seinen Theil 300 Pfund erhalten. Als Bürgschaft verpfändete der Erzbischof ihnen seine Güter zu Piesport [51]. Diedrich besiegelte 1306, Montags vor dem Feste des h. Apostels Andreas mit Friedrich von Eich, Sohier (Sever) von Burscheid, die Erneuerung der Belehnungsakte Philipp II, Grafen von Vianden, an Heinrich IV, Grafen von Luxemburg [52]. Er bekräftigte ferner 1308, am dritten Tage vor dem Feste der h. Catharina, die Urkunde der Freimachung der Stadt und Bürger von Vianden, durch den nämlichen Grafen Philipp II, in Vereinigung mit den Herren Heinrich, Abt zu Prüm, Gerhard, Herrn zu Schöneden, Friedrich von Neuerburg (Bruder Diedrich's) und Sohier von Burscheid [53].

Schon oben haben wir bemerkt, daß er und sein Bruder Friedrich von Neuerburg einen Theil des Schlosses Eich durch Kauf an sich brachten. In dem Genehmigungsvertrage, vom Donnerstag nach der Octav des h. Täufers 1311, entsagt Johann von Duren, ein Sohn Cuno's, allen seinen Ansprüchen auf Schloß und Haus Eich (le schesteile et la maison daixe), welches schon sein Vater dem Herrn Friedrich von der Neuerburg und Diedrich von Brandenburg, dessen Bruder (aux nobles homes

Mons. Ferri signor de Neufchesteil an Thiderl son freire), verkauft hatte. Zugegen waren: Walther von Wensenburg, Walther von Eich, Soier von Burscheid, Ritterrichter, Wilhelm von Solœures, Arnold von Fels, etc. etc. [54] Aus folgender Urkunde [55] ersehen wir jedoch, daß Brandenburg nicht sogleich in den wirklichen Besitz der Mitherrschaft Eich getreten ist, wie man aus dem Kaufakte von 1311 schließen könnte. Es machte nämlich 1339 Friedrich I von Crouenburg, Herr zu Neuerburg, den Knappen (armigerum) Thilmann von Robingen (Ravilla) zu seinem Lehnmanne, verlieh ihm 50 Pfund kleiner Turnojen und verpfändete ihm für 20 derselben seine Güter zu Tailsar (Tabler) und Boiholte (Buchholz), beide an der Obersauer und der Herrschaft Eich zugehörend, jedoch mit Ausnahme jener Güter derselben Dörfer, die er schon früher auf ähnliche Weise vergeben hatte.

Im Jahre 1298 kaufte Diedrich von Nikolaus, genannt Haller von Grbenne, Knappen, und an dessen Gemahlin Ida, alle Güter, die sie vom Herrn von Eich zu Lehn trugen [56].

In Verbindung mit Gilman, genannt Trinkwasser, Bürger zu Trier, verpfändete Diedrich von Brandenburg gegen 1320, mit Einwilligung des Königs Johann von Böhmen, Grafen von Luxemburg, an Erneis, genannt Bishpach, seine Güter zu Ganzem, Wiltingen und Sommels an der Saar. Diese Einwilligung war nöthig, weil jene Güter Fallenstein zugehörten, dieses aber der König von Boemund gekauft und ihm wieder zu Lehn gegeben hatte [57].

Als Vormund Hartard's, Herrn von Schöneden, erhielt Diedrich 1317, im Namen seines Mündels, von dem nämlichen König, Grafen Johann, die Herrschaften Schöneden und Krümsfeld zu Lehn [58].

Gemäß Brandenburger Urkunden hinterließ Diedrich von Brandenburg, der ungefähr gegen 1325 starb, von seiner Gemahlin, aus dem Hause Falkenstein, vier Söhne und eine Tochter:

1o Friedrich, der älteste Sohn, starb schon bei Lebzeiten des Vaters, hinterließ aber mehrere Kinder, unter andern den vom König Johann sehr geschätzten und geliebten Hermann.

[49] Publicat. X, p. 241. — Id. VII, p. 17. — Baersch, Eif. III. 1, 2. Abthl. 649 u. 950. — Bl, 2. Abthl. 1. Abthl. p. 372.
[50] Ab Hontheim II, p. 17. — Brower II p. 181. — Baersch Eif. illust. I, 1. Abthl. p. 551. — Id III. 2. Abthl. p. 115.
[51] Dr. Neyen, hist de Vianden, P. J. XXXII.
[52] Id. P. J. XXXIII. — Bertholet V p. 232.
[53] Baersch Eif. Ill., II, 2. Abthl. 186.
[54] Id . . . . . , I p. 565.
[55] Publicat. III, p. 27. n. 3.
[56] Bertholet VI, p. 154.
[57] Bertholet, VI, p. 164.

2° Ein zweiter Sohn war Johann, der sich auch einen Herrn von Falkenstein und Blinstingen (Fenestrange) nannte, weil er wahrscheinlich aus ersterem Hause die Erbgüter seiner Mutter zu seinem Antheil erhalten, und dem zweiten, einem Zweige der Hauptlinie von Blustingen, seine Gemahlin Heilwich entstammte. Letzteres Haus war reich begütert und besaß unter andern: Malberg, die Vogtei Wittlich, Bettingen an der Kyll, einen Antheil an Falkenstein und Schönecken. Bei einer zweiten Uebereinkunft, in Betreff der väterlichen Hinterlassenschaft, trugen ihm 1326 seine Brüder die Verwaltung derselben für eine Zeitfrist von sechs Jahren auf, damit er mit den Einkünften dieser Güter ihre Schulden bezahle[59]. Johann scheint jedoch dieses Amt nicht uneigennützig verwaltet zu haben, weßhalb er bei den Magistraten der Stadt Luxemburg in üblen Ruf kam, gleichsam als hätte er sich des Raubes und der Gewaltthätigkeit gegen seine Brüder und ihre Schützlinge schuldig gemacht[60]. Dieser Johann von Falkenstein, seit 1334 auch im Besitze des Schlosses[61] Bettingen an der Prüm (er hat es nämlich von Peter v. Bar für 6000 Pfund fl. Turnosen gekauft), war der letzte seines Stammes; denn bald darauf erscheinen die Herren von Brandenburg, als Besitzer von Falkenstein[62]. Wegen Mangel an Urkunden können wir nicht bestimmen, ob Johann jener Ritter von Brandenburg ist, der 1346 in der Schlacht von Crecy mit Johann dem Blinden gefallen ist; höchst wahrscheinlich wird es dennoch sein, weil seit jenem Jahre jedwede Spur von ihm verschwunden, wie auch daß fürderhin Falkenstein einen Theil der Herrschaft Brandenburg bildet.

3° Ein dritter Sohn war Diedrich (Theodoricus und Theodorus), der sich dem Dienste der Kirche widmete und wahrscheinlich das Amt eines Pastors in Landscheid und anderen Orten Brandenburgischer Beneficien, wie Bettingen, Gantzem, ausübte. Daneben bekleidete er die Würde eines Domherrn in Trier unter dem Erzbischofe Balduin, denn

bei seinem Tode erhielt sein jüngerer Bruder Gottfried dessen Dompfründen daselbst.

4° Gottfried war der vierte Sohn Diedrich's und der berühmteste unter seinen Brüdern. In Jahre 1326, wo ein Vergleich zwischen den drei Brüdern wegen der väterlichen Hinterlassenschaft Statt fand, kommt er noch als Schildknappe vor[63]. In den drei darauf folgenden Jahren scheint er jedoch die kirchlichen Weihungen empfangen zu haben, denn 1330, bei der Einigung seiner Neffen Hermann und Johann, erscheint er unter den Zeugen als Pastor von Canobscheid[64]. Kurze Zeit nachher ernannte man ihn zum Erzdiakon der Kirche U. L. F. zu Wesel[65] und etwas später wurde er vom Erzbischofe Balduin (Grafen von Luxemburg) zum Domherrn von Trier und zum Erzdiakon von Carden[66] an der Untermosel befördert[67]. Derselbe Gottfried von Brandenburg, Canonicus zu Trier, protestirte gegen den Verkauf von Bettingen (an der Prüm), indem er in einer Urkunde von 1335 erklärte, daß die Uebertragung des Schlosses Bettingen, welche sein Bruder Johann von Falkenstein und seine Gattin Heilwinis an ihn gemacht, null und nichtig sei[68]. Aus dieser Urkunde ersehen wir auch, daß er dieses Canonikat erst im selben Jahre erhalten, denn 1334 war jene Stelle noch von dem Archidiakon von Pfaffendorf bekleidet[69]. Im Jahre 1338 stellte Gottfried dem Erzbischofe Balduin nach Art seines Vorgängers ein Lehnreverse aus[70], wobei er sich verpflichtete, das Schloß Bischofstein, womit der jedesmalige Archidiakonus von Carden belehnt wurde, in Stand zu halten und gegen die Feinde des Erzstiftes zu vertheidigen, besonders aber die Uebergänge über die Mosel zu bewachen[71]. Der nämliche Gottfried von Br., Erzdiakon unter dem Titel des h. Castor zu Carden, unterzeichnete am dritten Tage nach dem Feste der heil. drei Könige mit dem Erzbischofe Balduin und mehreren Rit-

[59] Publicat. III, p. 26, n° 5.
[60] Id., n° 6.
[61] Bærsch, Eifl. I, 1. Abthl. p. 217.
[62] Bärsch, (Eifl. III, 1. Abthl. 559—560) läßt irrthümlich diesen Johann von Falkenstein gelten, als einen Sohn Boemund's, Herrn von Neuschateau und Falkenstein, aus der Linie Malfroy-Neufchâteau. Oben erwähnter Johann von Falkenstein kann indessen kein anderer sein als ein Bruder von Friedrich (dem Herrn von Brandenburg) und mithin ein Oheim Hermann's, welchem letztern ja auch bei dem Tode Johann's die Besitzthümer von Falkenstein, wie wir gleich sehen werden, zufielen.

[63] Publicat. III, p. 27, n° 4.
[64] Id. p. 26, n° 7.
[65] Dr. Neyen, biographie Luxembourgeoise, p. 99.
[66] Der Probst dieses Collegiatstiftes St. Castor in Carden war stets ein Kapitular des Domkapitels zu Trier und bekleidete auch die Stelle eines Archidiakon des Archidiakonates Carbonensis (Bærsch, Eifl. III, 1. Abthl. Anm. 209).
[67] Günther V, p. 105. — Bærsch, Eifl. I, 1. Abthl. 2. Abschn. 125.
[68] Bærsch, Eifl. I, 1. Abthl. p. 217.
[69] Günther III, p. 316.
[70] Id. p. 261.
[71] Id. V, p. 105.

tern eine Stiftseinigung [16]. Endlich wurde Gottfried von
Br. 1343 zum Weihbischofe Balduins unter dem Titel Chorbischof von Trier, zu seinem Stellvertreter in pontificalibus
und zum General-Vikar der Diöcese erhoben [17]. Dieses
hohe Kirchenamt scheint er nur kurze Zeit bekleidet zu haben; er starb um das Jahr 1346, wo Nikolaus von Arl,
als Weihbischof vorkommt [18].

5° Die einzige Tochter Dietrichs von Brandenburg war
Irmingardis, die an einen Herrn von Binsingen vermählt
wurde.

Friedrich, achter Herr von Brandenburg.

Obschon Friedrich vor seinem Vater Dietrich starb, so
schließen wir ihn dennoch der Reihenfolge der Herrscher
Brandenburgs an, weil er schon bei seiner Vermählung mit
einer Erbin aus dem Hause Maylenbach, Güter von seiner
Gattin erhielt, die dem Hause Brandenburg verblieben, und
bei der nämlichen Gelegenheit auch in den Besitz eines väterlichen Lehns kam. Ferner gab Friedrich in seinem Sohne
Hermann und dessen Nachkommenschaft dem Hause Brandenburg jene tüchtigen Herrscher, die es zu großer Macht
und Ansehen erhoben und in der Folge mit den berühmtesten und reichsten Häusern der Grafschaft in Verbindung
brachten. Seine Schicksale und Ereignisse sind uns fast gänzlich unbekannt; nur gewahren wir bei der Hinterlassenschaft Friedrich's an seine Kinder unter den Brandenburgischen Gütern eine neue Herrschaft Maylenbach. Bei seinem Tode hinterließ er mehrere Kinder:

1. Sein Erstgeborner, der allgemein bekannte und geach-
tete Hermann von Brandenburg, der schon 1326, beim
Tode seines Großvaters, weil großjährig, die Stelle seines
verstorbenen Vaters bei der Erbschaftstheilung vertrat. Von
ihm als Herrscher von Brandenburg wird weiter unten die
Rede sein

2. Johann, der zweite Sohn, kommt in einer Urkunde
von 1330 vor, gemäß welcher, wie schon bei seinem Oheim
Gottfried bemerkt wurde, er und sein Bruder Hermann,
eine Uebereinkunft wegen der väterlichen Güter schließen [19].

Seine Gemahlin, eine Schwester Heinrich's, stammte aus
dem Hause Malberg.

Friedrich von Brandenburg hatte auch drei Töchter hinterlassen:

a) Blancheflor, verheirathet an Burchard, Herrn zu
Binsingen, Falkenstein, Bettingen [16] und Schönecken [17].
Sie übergab 1359 ihrem Neffen Friedrich II, Sohne Her-
mann's, ihren Antheil an einem Gute zu Bastendorf [18].

b) Jutta von Brandenburg, vermählt mit Colin, Schul-
theissen (écoutète) zu Wittlich. Im Jahre 1332, am Tage
Mariä Magdalenä, erhielt sie und ihr Eheherr Colin, von
ihren Brüdern Hermann, Herrn zu Brandenburg und Johann, die beiden Dörfer Gransdorf und Zemmern als ein
ihnen zukommendes Erbtheil [19]. Jutta (Incle) v. Brandenburg, Wittwe des Colin, schließt 1361 in ihrem und ihrer
Kinder Namen einen Vereinigungsvertrag mit ihren Nef-
sen Friedrich und Hermann, wegen der Herrschaften (Esch
und Brandenburg [20].

c) Eine dritte Tochter, deren Name nicht angegeben
wird, ward mit einem edeln Herrn von Freystorf in Lothringen verheirathet. In einer Urkunde von 1367, besiegelt
von Dietrich von Hunckerangen, erklärt ihr Sohn Heinrich,
edler Knecht (noble servant) von Wirichsen von Frews-
torf, auf alle durch den Tod seiner Mutter ihm erfallenen
Güter zu verzichten, zu Gunsten Friedrich's II und Hermann's, Söhne von Hermann [21]. Diese Güter bestanden in
einem Theile der Herrschaften Brandenburg, Esch und Meysenburg.

Hermann, neunter Herr von Brandenburg.
1326 — 1354.

Hermann, einer der berühmtesten Herren von Brandenburg, erbte als ältester Sohn, beim Tode seines Vaters

---

[16] Brower, 211.
[17] Dr. Neyen, biographie luxembourgeoise, p. 100. — Bertholet VIII, p. 188. — Ab Honthaim, hist. Trevir., diplomat. II, p.
129 — gesta Trevir. II, 200— Pierret I, fol LX, et III, 101.
[18] Bertholet VIII.
[19] Publicat III, p. 28, n° 7.

[16] Honthaim III, p. 268. — Barsch Elt. III. 1. Abth. 2. Abschn.
p. 486.
[17] In erster Ehe war Burchard von Binsingen mit Margaretha
von Falkenstein vermählt, der Wittwe Gerhard's von Schönecken. Die
beiden Brüder Gerhard's von Schönecken, Johann und Gerhard, waren ohne Kinder gestorben und ihre Schwester Elisabeth war an Go-
bert von Wilz vermählt (Elt. III. 1. 2. Abth. 374).
[18] Publicat. III, p. 28, n° 9.
[19] Barsch, Eifl. illustr. III, 2. Abth. 2. Abschn. p. 35. Ulrich
verwechselt Johann, Bruder Hermann's, mit Johann von Falkenstein,
und nimmt Jutta als Tante von Hermann an, obwohl dieselbe seine
Schwester ist.
[20] Public. III, p. 28 n° 10.
[21] Publicat III, p. 28. n° 11.

Friedrich, dessen Güter und Lehen. Seine Gemahlin war aus dem Hause Holfels (Hoilvelsch); und wahrscheinlich eine Tochter Johann's, Ritterrichters, der bei der Erbtheilung im Jahre 1330 unter Hermann und Johann von Brandenburg, sein Siegel an die Theilungsurkunde mit Johann v. Falkenstein und Gottfried, Pastor zu Landscheid, später Weihbischof, gehängt hatte. Beim Tode seines Großvaters Diedrich 1326, vertritt Hermann seinen verstorbenen Vater Friedrich bei der Erbtheilung der väterlichen und mütterlichen Güter des Hauses Brandenburg, wie schon oben angegeben wurde. Im Jahre 1330, erscheint derselbe unter den Zeugen beim Heirathscontract der Anna von Hen mit Friedrich von Cronenburg, seinem Vetter, in welcher Urkunde er auch ein Herr von Holfels (Hoivels), wegen seiner Gemahlin, genannt wird [51]. Hermann mit seinem Bruder Johann war 1343 einer der vielen Bürgen bei der Lehnserhebung der vier Brüder, Söhne des Grafen Wilhelm, Herrn zu Manderscheid, und der Gräfin Johanna, durch den König Johann [52]. Als im Dezember 1344 der König Johann eine zweite Ehe mit Beatrix von Bourbon einging, befand sich unter dem zahlreichen Luxemburger Adel, bei der Ratification des Heirathscontraktes auch Hermann von Brandenburg [54]. Ferner erschien er als Zeuge am 9. September 1340 bei der Ausfertigung des Testamentes des nämlichen Königs zu Bonvin (au pont de Bouvines, zwischen Tournay und Lille) [55]. Er war auch 1341 mit Conrad von Schleyden und Johann von Blankenheim zugegen, als Hartard von Schönecken und seine Gemahlin Margaretha ihr Schloß Hartardstein (Hartelstein), welches sie an König Johann für 800 Gulden verkauft hatten, von diesem wieder als Lehn erhielten [66]. Im Jahre 1340 machte Soger (Sohier) von Burscheid (wahrscheinlich derselbe Herr von Burscheid, der mit König Johann in der Schlacht von Crecy fiel) Waldbredimus unter Vorbehalt einiger Güter für eine gewisse Summe Geldes, zu einem Lehn Hermanns [??]. Desgleichen erhielt er mit Johann von Falkenstein, seinem Oheime, 1334 Güter zu

Neuerburg, zu Lehn [??]. Letzterer, auch Herr von Bettingen, baute im Jahre 1342 auf einem Berge, zwischen Bachonweiler und Greimelscheid, der früher Kastell, darnach Friesland genannt wurde, ein Schloß, und übertrug dasselbe nebst mehreren Höfen, dem Grafen von Luxemburg zu Lehn. Auch bestimmte er, daß, im Falle er ohne Kinder sterbe, sein Neffe Hermann von Brandenburg und dessen Nachfolger den Besitz aller seiner Güter erhalte [??].

Dieses geschah auch wirklich bald, indem er wahrscheinlich um's Jahr 1346, wo wir einer letzten, auf ihn bezüglichen Urkunde [??], begegnen, starb. Durch diese Erbschaft bekam Hermann drei Vertheile von Falkenstein, wie wir später sehen werden, wozu auch unter anderm Bastendorf, der Hof Tyntal (Taubel) und die Blees-Mühle gehörten. Letzteres waren Theile der ehemaligen Herrschaft des Ritters Aegidius von Bastendorf. Hermann von Brandenburg kaufte 1345 Dienstags nach „Trecember" Tag, für eine bestimmte Summe, die vor Ausfertigung des Lehnsaktes bezahlt wurde, Güter von Peusin von Ehr-Neuerburg, gelegen zu Ingeldorf, welche Güter früher Gnt. von Birscheid (Burscheid) durch Kauf an sich gebracht hatte [91]. In einer Urkunde vom Jahre 1344 stellte Hermann sich als Bürge dar für seinen Vetter Friedrich II von Cronenburg-Neuerburg, beim Verkaufe des Dorfes, genannt Enlysch, in den Niederlanden an die Markgrafen Guntze (Julius) [92]. Hermann von Br., Egidius von Mersch, Walther von Bevelvingen, Thilmann von Bettemburg und m. a. besiegeln die Urkunde der Freimachung der Bürger von Fels, durch den Ritter Johann, Herrn von Fels, nachmaligen Seneschalls [95]. Endlich beschwor Hermann mit vielen andern Rittern zu Luxemburg in der Kirche des h. Michael 1354 die Bestätigungsurkunde der Freiheiten der Stadt Luxemburg durch den Herzog Wenzel I. bei Gelegenheit der Erhebung der Grafschaft Luxemburg in ein Herzogthum [??].

Hermann von Brandenburg kommt ferner noch in einer großen Anzahl von Urkunden unter den Zeugen, vor und nahm Antheil, wie es scheint, nicht nur an allen Ereignissen seiner sehr zahlreichen und ausgebreiteten Familie, sondern

[51]) Bertholet VI, p. 208.

[52]) Id. p, 143, P. J. LV.

[54]) Id. p. 109.

[55]) Id. p. 131.

[66]) Id. p. 183.

[??]) Id, VIII, p. 166. — Bœrsch, Eiß. ill., 2. Abthl., 2. Abschn. p. 235.

[??]) Bœrsch, Eiß. ill. III, 2. Abthl., 2. Abschn., p. 94.

[??]) Bertholet VII, p. 131.

[??]) Id. VI, p. 217.

[91]) Nach Erpeltinger Urkunden.

[92]) Publicat. III, p. 28. n° 8.

[??]) Bert. ic. VII, p. 132.

war auch zugegen bei allen bedeutenden Landesfeierlichkeiten. Daneben genoß er in hohem Grade das Zutrauen und die Liebe des Königs Johann, dessen Rathgeber und Geschäfts= mann er neben Diedrich vom Honcheringen beständig war. Letzteres erhellt aus einer Urkunde [95] vom 14. August 1345, von Prag aus „an den edlen Knecht" Ponsin von Esch=Neuerburg.

In welchem Jahre Hermann von Brandenburg gestorben sei, können wir nicht näher bestimmen; es scheint jedoch, daß sein Tod bald nach jener Feierlichkeit in Luremburg 1354 erfolgt sei, da wir ihn von jetzt an in keiner spätern Urkunde mehr antreffen. Seine hinterlassenen Kinder waren:

a) Friedrich, der zweite Herrscher dieses Namens, sein ältester Sohn.

b) Hermann, ein zweiter Sohn, erhielt zu seinem An= theile die Mitherrschaft von Esch, wie aus der Urkunde des Testamentes Wenzel I vom Jahre 1378 hervorgeht, wo= rin er ein Herr von Esch genannt wird [96]. Daß er ein wirklicher Bruder Friedrich's II ist, beweisen die schon frü= her erwähnten Brandenburger Urkunden (Publicat. III, p. 28, n° 10 u. 11) von seiner Tante Jutta und von Hein= rich von Freystorf. Weiteres von ihm ist nicht bekannt. Viel= leicht war auch der erste Pastor von Brandenburg, in wel= chem Dorfe Hermann (1349—1350) die erste Pfarrkirche baute [97], einer seiner Söhne, wie auch jener Herr von Bran= denburg, der am 24. August 1346 mit vielen andern Rittern an der Seite des Königs Johann in der Schlacht fiel; die Urkunden fehlen uns jedoch, um es mit Gewißheit behaupten zu können.

Friedrich II, zehnter Herr von Brandenburg.
1354—1372

Friedrich II, Hermann's ältester Sohn, folgte seinem Va= ter in der Herrschaft Brandenburg. Seine Gattin Else

stammte aus dem Hause Burscheid und war eine Tochter Sohier's V, Ritterrichters, und der Mathilde von Schleeden. Unter andern Gütern brachte Else ihrem Gemahle wahrschein= lich die Dörfer Michelau und Ingeldorf zu, welche Dör= fer später am 9. Dezember 1410 Bernhard von Burscheid und seine Gemahlin, Margaretha von Elter, mit allem Zu= behör (Gut und Herrlichkeit, Alles, was sie haben zu Mi= chelau und Ingeldorf an Männern, Weibern u. s. w.) mit Ausnahme eines Hofes zu Ingeldorf, für 400 Rheinische Gulden von Johann von Wasenzen, Herrn von Falkenstein, und dessen Gattin, Adelheid von Lichtenberg, zurückkauften [98]. Noch während der Lebzeit seines Vaters Hermann, der sich in letzterer Zeit häufig zu Prag in Diensten des Königs Johann aufhielt, scheint Friedrich dessen Stellvertreter in Brandenburg gewesen zu sein; denn nach einer Urkunde vom Jahre 1344, befand sich Friedrich von Brandenburg schon unter den edelen Beisitzern, als Thilmann von Kroll, Ritterrichter, dem Wilhelm von Orley (Kämmerer des Erz= stiftes Trier unter dem Erzbischofe Balduin) die Güter der edelen Frau von Heinsberg, einer Tochter des Herrn von Peffort, zuerkannte [99].

Außer diesen und den zwei oben unter Hermann erwähn= ten Urkunden (Publicat. III, p. 28, n° 10 u. 11), gemäß welchen er 1361 einen gütlichen Vertrag mit seiner Tante Jutta abschloß, und 1367 eine Verzichtleistung aller Bran= denburgischer Güter, Seitens seines Vetters, Heinrich von Freystorf, erhielt, treffen wir ihn nirgends mehr; in den folgenden kommt Else, Frau von Brandenburg, als Wittwe vor. Er starb, wie es scheint, noch im rüstigen Mannesal= ter, während der Jahren 1369—1372. Was wir oben schon bei seinem Großvater bemerkt haben, dürfen wir hier aber= mals hervorheben, daß nämlich Hermann's zahlreiche Kin= der, die bei seinem Tode noch größtentheils unmündig wa= ren, Brandenburg durch ihre ehelichen Verbindungen mit andern edelen Häusern zu einer der ansehnlichsten und mäch= tigsten Herrschaften des Herzogthums emporblühen machten.

a) Johann, der Erstgeborene Friedrich's II und seiner Gattin Else, setzte die Hauptlinie in Brandenburg fort und heirathete eine Erbin von Meysenburg [100].

b) Ein zweiter Sohn, Gottfried, auch Friedrich und Jo=

[95] Bertholet, Eist. ill. I, 1. Abthl., p. 867.

[96] Bertholet VII, p. 07 u. P. J. XXXIX.

[97] Das Schloß Brandenburg gehörte bis zum Jahre 1350, wo Hermann die erste Pfarrkirche in Brandenburg nächst an der Blees erbaute, zur Pfarrei von Landscheid. Des Patronatsrecht derselben besaß das Haus von Falkenstein. Als aber zu dieser Zeit Jo= hann von Falkenstein, der letzte Inhaber desselben, ohne Kinder starb und keinen Neffen Hermann zum Erben eingesetzt hatte, verlegte dieser nach erhaltenem Patronatsrechte, durch Vermittelung seines Oheims Gottfried, Weihbischofs von Trier, die Pfarrkirche von Land= scheid nach Brandenburg, wo dieselbe auch bis zum heutigen Tage verblieben ist. S. Publicat. XIII, p. 97, die Pfarre Brandenburg von Herrn Pfarrer Harpes. — Die Pfarrei v. Brandenburg führte den Titel „Dechani" des Kapitels von Mersch.

[98] Bertholet VII, p. 366.

[99] Bertholet, Eist. ill. III, 2. Abthl. 2. Abthn. 235. — Programm des Progymnasiums von Diekirch 1846—1847, p. 12, aus Erpel= dinger Urkunden.

[100] Würth II, 1. Abthl., p. 68.

hann-Gottfried genannt, heirathete die Erbtochter Diedrich's, Herrn zu Clerf [101] und ward der Stammvater jenes berühmten Geschlechts der v. Brandenburg-Clerf. Von diesem Gottfried wußte man lange nicht, ob er verschieden oder identisch mit Friedrich von Clerf sei; bei näherer Untersuchung der Urkunde von 1411 stellt sich jedoch die Identität beider dar, und wir gewinnen die Überzeugung, daß er ein Bruder Johann's von Esch ist und somit einer der fünf Söhne von Friedrich II. Friedrich (welcher Name ihm von den Geschichtsschreibern des Hauses Clerf beigelegt wird) wurde im Jahre 1411 von dem Trierischen Erzbischofe Werner mit dem Truchseß-Amte [102] (architriclinus) belehnt [103], welche Würde schon sein Schwiegervater Diedrich von Clerf bekleidet hatte [104]. Sein Sohn und Nachfolger, Friedrich von Brandenburg-Clerf, erhielt 1462 durch seine Nichte Adeleidis von Brandenburg, Wittwe zu Mensenburg, deren Herrschaft mit allem Zubehör als eine Schenkung.

c) Ein dritter Sohn, ebenfalls mit dem Zunamen Friedrich von Brandenburg, brachte durch Heirath mit Kunigundis von Bolland, Schwester Arnold's von Bolland [105], Herrn zu Stolzemburg und Schloß Thierry, die beiden Herrschaften seinem Hause zu. Nach Bärsch [106] soll er 1420 eine zweite Ehe eingegangen sein mit Katharina (Tochter Johann's von Kriechingen), Wittwe von Diedrich IV, dem Herrscher von Daun.

d) Ein vierter Sohn, Johann von Brandenburg, vermählte sich mit einer der drei Erbinnen von Mersch. Ein Herr von Kerpen heirathete die zweite Schwester, und Johann von Hondelingen die andere. Letzterer verkaufte seiner Gemahlin Antheil an den Gütern von Mersch seinen beiden Schwägern und so erwarb Johann von Brandenburg seiner Linie die Hälfte jener Herrschaft.

e) Ein fünfter Sohn, auch mit dem Zunamen Johann von Brandenburg, erscheint in der oben genannten Urkunde von 1411 als ein Herr von Esch und als Bruder Friedrichs von Brandenburg-Clerf [107]. In wiefern er aber ein Mitherr von Esch geworden ist, ob durch Heirath einer Tochter Hermann's von Brandenburg, Herrn zu Esch, seines Oheims (Bruder von Friedrich II, 10. Herrn), falls dieser Erben hinterlassen, oder durch Erbschaft, müssen wir aus Mangel an Beweisen dahin gestellt sein lassen.

Die eben aufgezählten fünf Brüder waren nach dem Zeugnisse Bertholets so mächtig, daß sie sich stark genug fühlten, sich gegen die beiden Gouverneure des Herzogthums aufzulehnen, weßhalb sie als Störer des Landfriedens angesehen wurden. In einer Urkunde vom 11. Oktober 1402 versprachen sie jedoch, Friede mit dem Herzog von Orleans zu machen, und in der Zukunft als gute und treue Vasallen zu leben [108].

Mit seiner Gemahlin Else hatte Friedrich II auch zwei Töchter gezeugt. Der ältern, welche ins Priorat von Marienthal eintrat, setzte ihre Mutter Else, Wittwe und Frau zu Brandenburg, eine jährliche Leibrente von acht Malter Roggen aus, welche Art Mitgift in jenen Zeiten üblich gewesen zu sein scheint [109]. Diese Ansteuer bestand wahrscheinlich in der Fruchtrente von acht Malter Korn aus dem Zehnten von Altrich (Wittlich), welche Else von Brandenburg nach einer Urkunde des Jahres 1403 von Lucia, der Wittwe Friedrich's von Waldecken, gekauft hatte [110].

Eine zweite Tochter, Helene von Brandenburg, war gemäß einer Urkunde von 1393 die Gemahlin Heinrich's von Orley, Herrn zu Beffort, welche beide erklären, den Hof Ober- und Niederanven als Pfandgut von Johann, Herrn zu Wilz [111], zu behalten. Friedrich's Wittwe scheint ein hohes Alter erreicht zu haben; sie kaufte noch am zweiten Juni 1412 von dem Kämmerer Wigand von Esch, das ihm vom Erzbischofe Werner (von Falkenstein) verliehene Haus auf dem Markte zu Wittlich [112].

[101] Mit Diedrich, Herrn zu Clerf, einem Bruder Wilhelm's von Clerf, Domherrn zu Cöln, erlosch der Mannesstamm der Herren von Clerf.

[102] Mit dem Erbler-Amt waren die Einkünfte des Dorfes Rode bei Schönbort, im Landkreise Trier, verbunden.

[103] Honthein, hist. dipl. Trev., p. 352.

[104] Bärsch II, 1. Abthl. p. 68. — Id. III, 2. Abthl. 2. Abschn., p. 206.

[105] Id. III, 2. Abthl., 2. Abschn. 213.

[106] Id. I, 1. 399.

[107] Honthein, dipl. Trev. II, p. 352.

[108] Berth. VII, p. 253. In dieser Urkunde heißen sie: Johann von Brandenburg, Friedrich, sein Bruder, Herr zu Stolberg, Johann, sein anderer Bruder, Herr zu Esch, Johann und Gottfried von Brandenburg.

[109] Simon von Arsleg und seine Gemahlin Elisabeth von Schönecken gaben ihrer Tochter Cunigundis, die den Schleier in Marienthal nahm, 1362 eine Leibrente von acht Malter -halb Kürning, halb Reeding- aus ihrem Zehnten zu Hollerich zu beziehen.

[110] Bärsch. Eidl. III, 2. Abthl., 2. Abschn. 153,

[111] Publ. IV, p. 221.

[112] Bärsch III, 2. Abthl. 2. Abschn., p. 163.

Johann II, elfter Herr von Brandenburg.
1372—1408.

Dem Zeugnisse Bärsch's gemäß war die Gemahlin dieses Herrschers aus dem Hause Meysenburg. Diese Ansicht findet ihre Bekräftigung darin, daß er in den meisten Urkunden den Titel eines Herrn von Brandenburg und Meysenburg führt, und dies wahrscheinlich, einer damaligen Sitte gemäß, der Mitgift seiner Frau wegen. Auch sein zweiter Sohn Johann erhielt zu seinem Anrechte diesen Theil von Meysenburg als Erbe. Seine Gattin war demnach eine der drei Töchter des Seneschalls Walther von Meysenburg und der Mathilde von Cransey [110]. Er bekam somit einen Antheil dieser Herrschaft, der später noch durch Ankäufe vermehrt wurde. Johann erhielt ebenfalls durch seine Gemahlin die Burg zur Layen auf der Prüm bei Echternach und den Hof zu Alsdorf, womit 1351 Gottfried von Meysenburg und seine Frau Katharina von Homburg belehnt worden waren [111]. Eine zweite Ehe scheint er geschlossen zu haben mit Margaretha von Haraconrt (Schenkungsurkunde vom Jahre 1400, in welcher selbige Dame alle ihre liegenden Güter, mit Ausnahme der Herrschaft [115] Brandenburg, zu einem Vermächtnisse hergibt).

In einer Urkunde vom Jahre 1373, der ersten, die wir von Johann besitzen, erklärt er, seinen Diener Johann von Brandenburg zu seinem Lehmanne gemacht zu haben, vermittelst einer jährlichen Summe von sechs Goldgulden, welche er ihm am Tage der h. Walburga zu geben verspricht [116]. Im Jahre 1377 erscheint er nebst vielen Rittern des Herzogthums bei Gelegenheit der Bestätigung des Testaments Wenzel I [117]. Ferner war er gegenwärtig und hing nebst mehreren andern Edeln und Rittern sein Siegel an die Bestätigungsurkunde, als im Jahre 1384 der Herzog Wenzel II von Luxemburg, bei seinem Regierungsantritte, die Freiheiten und Privilegien, welche die Gräfin Ermesinde und ihre Nachfolger der Stadt Luxemburg verliehen hatten, bestätigte und erneuerte [118]. Johann von Brandenburg unterzeichnete und besiegelte ebenfalls in dem nämlichen Jahre 1384 am ersten Dienstage nach St. Elisabeth, den Kaufbrief, wodurch derselbe Wenzel II, König von Böhmen und Herzog von Luxemburg, dem Trier'schen Erzbischofe Cuno (aus dem Hause Falkenstein, in der Nähe von Frankfurt) die Veste und Herrschaft Schöuecken in der Eifel sammt allem Zubehör für 30,000 gute Mainzer Gulden, unter Vorbehalt, dieselbe rückkaufen zu dürfen, verkaufte [119].

Im Jahre 1380 bewirkte er einen Austausch zwischen Unterthanen seiner und der angrenzenden Herrschaften, so wie auch eine Einigung [120] unter denselben, zufolge deren sie ihren respectiven Unterthanen die Erlaubniß ertheilten, sich unter einander zu heirathen [121].

Diese Einigung erneuerten und bestätigten in den Jahren 1521 und 1522 seine Nachfolger in Brandenburg. Laut Protokoll des Jahrgedinges (plaid) scheint diese Zulassung des Connubiums dennoch keine unbedingte gewesen zu sein, es sei denn, daß dieselbe der Vergessenheit anheim gefallen. Nach diesem Jahrgedinge mußte jede ausgeheirathete Person wegen Loskaufs die gerichtliche Taxe von drei Schillingen bis zwei Reichsthaler an die Herrschaft entrichten, welche Verpflichtung unter anderm Meier Johann von Gralingen, der drei Kinder außer der Herrschaft geheirathet und einen Sohn, der Priester war, traf, und deßwegen die Summe von nur vier Thaler „aus Consideration, daß er der Herr Meyer" ist, zu zahlen hatte [122].

In einer vom Jahre 1396 ausgestellten Urkunde, erklärt derselbe Johann, hier auch Herr von Meysenburg genannt, Gerlin von Ophen wegen ihm geleisteter Dienste zu seinem Lehmanne und schenkt ihm einen Baumgarten nebst Zubehör zu Bastendorf, im Orte genannt „Helmansgracht" [123]. Ebenderselbe Johann von Brandenburg, so wie auch seine Brüder, dürften fehdelustige Leute gewesen sein, denn gemäß einer Urkunde von 1400, sahen sich die beiden General-Hauptmänner des Herzogthums, Rolland von Rodemacher und Heinrich von Orley, Herr von Bessort (dieser vom wallonischen und jener dem deutschen Quartier) genöthigt, einen Spruch zumal gegen Johann zu erlassen, weil er den

---

[110] Eine dieser Töchter war verheirathet an Johann von Kerpen, eine zweite an Orley von Linster.
[111] Bärsch Eid. III. III. 1, Abth., 2. Abth., p. 492.
[112] Publ. arch. III, p. 29, n° 17.
[113] Publicat. III, p. 28, n° 12.
[114] Berth. VII, p. 97.
[115] Id. Id., p. 146—147. P. J. L.
[116] Berth. p. 145. P. J. XLV et XLIX.
[117] Publicat. III, p. n° 14.
[118] Id.: Einleitung zur Geschichte der Herrschaft Berg, von Herrn Linster.
[119] Programm des Progymnasiums von Diekirch 1642—1643; aus den Papieren des Erpeldinger Schlosses.
[120] Publicat. III, p. 28, n° 15.

Frieden im Herzogthum gebrochen und gestört habe [124].
Diese Fehde, deren eigentliche Veranlassung uns unbekannt
ist, dauerte, wie nach Nummer 108 erhellt, noch längere
Zeit nach diesem Richterspruche fort. Wie wenig ernst-
haft ihrerseits letzterer Friede gemeint war, ersehen
wir aus der Thatsache, daß die beiden Brüder, Johann
Herr zu Esch, und Friedrich, Herr zu Clerf, in Vereinigung
mit Bernard I, Ritterrichter, Herr zu Burscheid, ihrem Vetter, die Stadt Diekirch von Anfang Dezember bis zum
12. Februar (1413—1414), nachdem dieselbe von einem
kleinen Heere der Herzogin von Görlitz, Pfandinhaberin des
Herzogthums, belagert wurde, Partei gegen die Herzogin
ergriffen hatten und die Stadt schützten und vertheidigten [125].

Im Jahre 1402 nahmen Johann, Herr von Brandenburg
und sein Sohn Gobart mit ihrem Lehnmanne, den Kleisgen
Grinnulart, Sohn von Agnes von Wanderscheid, unter
dem Vorwande gefangen, er habe Partei für Peter von
Cronenburg und Neuerburg genommen, und setzten ihn nur
unter der Bedingung in Freiheit, dem h. Kreuze in Gösdorf die Summe von 23 Gulden oder lebenslänglich jedes
Jahr vier Pfund Wachs zu entrichten, wie Johann von
Heisdorf, Pastor von Gösdorf, Meyer Fetten und Meyer
Thilgen von Gösdorf, Brudermeister des h. Kreuzes allda,
bezeugen [126].

Johann von Brandenburg starb gegen 1408—1409. Nur
aus erster Ehe, mit seiner Gemahlin aus dem Hause Meysenburg, hatte er Kinder; seine zweite Ehe mit Margaretha
von Haracourt scheint kinderlos geblieben zu sein. Dieselben
waren:

a) Gobart der Erstgeborne, von dem als Nachfolger des
Vaters weiter unten die Rede sein wird.

b) Johann, der andere Sohn, erhielt zu seinem Antheil
das Erbe seiner Mutter zu Meysenburg. Woher seine Gattin stamme, können wir nicht mit Sicherheit angeben; möglich, daß sie aus Menschen (Fontois bei Diedenhoven) oder
Schüren (Lagrange) war. Diese Vermuthung stellen wir des-
halb auf, weil dortige Güter etwas später, als der Herrschaft
von Meysenburg zugehörend, angegeben werden. Im Jahre
1418, Dienstags vor dem Feste der h. Catharina, finden
wir Johann von Brandenburg, Herrn zu Meysenburg, unter
den acht Zeugen der Bestätigungsurkunde, welche Elisabeth

von Görlitz, Herzogin von Luxemburg, der Abtei St. Clara
in Echternach ausstellte, um dieselbe in ihren Privilegien
und Gütern zu behaupten [127]. Er hinterließ mit seiner Gemahlin vier Töchter [128].

Im Jahre 1419 finden wir auch einen Herrn Gottfried
von Brandenburg, Probst zu Arlon, so wie auch 1443 einen
Herrn Friedrich von Brandenburg, Herrn zu Burscheid. Er-
sterer ist nach aller Wahrscheinlichkeit Friedrich von Bran-
burg-Clerf, der, schon seit 1411 mit der Würde eines
Oberspieters des Erzstiftes Trier bekleidet, vermuthlich mit
dieser Ehrenstelle in Arlon belehnt war; von dem zweiten
wissen wir nicht genau, ob er aus der Linie Clerf oder
Stolzemburg stamme, und den Titel eines Herrn von Bur-

[127]) ld. IV, p. 78—79.
[128]) Die ältere, Adelheid, (Aloyde) von Brandenburg, Frau zu
Meysenburg, heirathete den Ritter Adam von Dalstein. Während jener Epoche brachen jene für Stadt und Land so unheilvollen Unruhen
aus, wobei der Luxemburger Adel sich entzweite und in zwei feindliche
Lager theilte. Adam von Dalstein schlug sich zur Partei Wilhelm's
von Sachsen, der durch seine Gemahlin Anna, Tochter des Herzogs
Albrecht V von Oesterreich und der Elisabeth (einzige Tochter des
Kaisers Sigismund, der letzte Mann des Luxemburger Stammes war), Ansprüche auf das Herzogtum hatte, ward somit gleich
vielen andern Rittern zum offenen Gegner der Herzogin Elisabeth von
Görlitz und des Herzogs Philipp von Burgund, ihres Schutzherrn
(mambournus et gubernator). Letzterer rückte mit einem bedeutenden
Heere in unser Land, nahm die Stadt Luxemburg ein und unterwarf
der Herzogin alle übrigen Ortschaften. In Folge des Uebertrittes
Adam's von Dalstein zur feindlichen Partei, ward das Schloß Meysenburg zerstört, die Herrschaft in Beschlag genommen und Adelheid
und ihr Gemahl auf einige Jahre ihrer Renten und Gefälle beraubt;
weshalb sie sich genöthigt sahen Geld zu leihen. In dieser bedrängniß-
vollen Lage von 1443—1448 scheint Adelheid bei ihrer so zahlreichen
und begüterten Familie, namentlich bei ihrem Oheim, Gothard von
Brandenburg, wenig Unterstützung und Beistand gefunden zu haben.
Löbliche Ausnahme machte ihr Neffe, Friedrich von Clerf-Brandenburg,
der sie großmüthig unterstützte und sich allein als wahrer Freund in
ihrem späteren Witwenthume bewies. Dieses edlen Benehmens einge-
denk, übergab sie und Adelheid im Jahre 1442, Donnerstag nach
St. Mathias, da sie keine Kinder hatte, Meysenburg mit allem Zubehör, als Geschenk diesem ihrem Neffen, Friedrich von Clerf, Enkel
der Katharina von Apremont (Publicat. VII, p. 237). Nach dem
Tode Adelheid's von Brandenburg, Frau zu Meylenburg, herrschte die
Seitenlinie von Brandenburg-Clerf, die, wie wir oben gesehen, durch
Friedrich von Brandenburg gegründet worden war, über anderthalb
Jahrhundert in Meysenburg fort. — Eine andere Tochter Johann's
von Brandenburg, Herrn zu Meysenburg, war Katharina, an Glaudius
von Malberg, ältern Sohn Roberts, vermählt. — Eine dritte Tochter
Johann's scheint Philippa von Brandenburg, die V Aebtissin zu St.
Clara in Echternach gewesen zu sein, wie Berthollet berichtet (Bartho-
lot VI, p. 203). — Agnes endlich, die vierte, wurde die Gemahlin des
Johann Göbel von Elter (Autel), Ritterrichter, und Sohnes Edward's II,
Commandanten von Zweig, Damvillers, Montmedy, Archimont, (Dr.
Neyen, biographia Luxembourgeoise p. 33), und Bruder Ouwart's
von Elter, Herrn zu Hoffelt. Diese beiden Brüder kommen als Zeu-
gen in der Schenkungsurkunde von Adelheid vor, wo diese Dame ihrem
Neffen, Friedrich von Clerf, die Herrschaft Meysenburg mit Zubehör
vermachte; Göbel wird darin ihr Schwager genannt.

[124]) Id., n° 16.
[125]) Nach Luxemburger Urkunden.
[126]) Publicat. arch. III, p. 29, n° 18.

scheit wegen seiner Gemahlin (die vielleicht eine Tochter Bernard's I) oder durch Erbtheil der Elisa von Burscheid, Gattin Friedrich's II von Brandenburg, annahm.

Gobart II, zwölfter Herr von Brandenburg.
1409—1456.

Gobart, auch Gotthard genannt, ältester Sohn Johann II, scheint in den Jahren 1404—1409, wo sein Vater starb, den Besitz der Herrschaft Brandenburg angetreten zu haben. Schon seit 1403 war er vermählt mit Margaretha von Oldenberg, Tochter Robins von Fischbach, Herrn zu Everlingen[129]. Seine zweite Gemahlin war Katharina von Dollendorf, einzige Tochter Johann's von Dellendorf, dessen Vater[130] Diedrich Irmingard von Fischbach geheirathet hatte. Die Verehelichung Gobart's mit Katharina fällt, wie Schannat bemerkt, in das Jahr 1430[131]. Durch diese beiden Heirathen erwarb Gobart von Brandenburg bedeutende Antheile an jenen zwei Herrschaften und vermehrte auf eine beträchtliche Weise die Güter seiner Vorfahren.

Im Jahre 1409 schlossen Gobart, Herr zu Brandenburg, und Simon, Herr zu Vinstingen, einen Burgfrieden, den beide im Jahre 1429 erneuerten und bestätigten[132]. Im Jahre 1424 huldigte derselbe Gobart dem Abte Ruprecht von Prüm, als Lehnmann[133]. Im darauffolgenden Jahre 1425 bescheinigt Arnold, Herr von Kerpen, daß er dem Gobart von Brandenburg die Vollmacht ertheilt habe, seinen Antheil an der Herrschaft Merzenburg zu erwerben[134], wodurch Brandenburg zwei Drittel dieser Herrschaft bekam. Auch schloß Gobart von Brandenburg 1435 eine Uebereinkunft mit Wilhelm von Orley, Herrn zu Linster, wahrscheinlich in Betreff der übrigen Güter zu Merzenburg, wovon Letzterer ebenfalls ein Drittel durch Heirath erhalten hatte[135].

Am 4. Juni 1428 vermittelte Graf Ruprecht von Virneburg eine Aussöhnung Gobart's von Brandenburg und Johann's von Dollendorf wegen der Güter zu Punsch[136]. Un-

ter Zustimmung Gobart's von Brandenburg und Simon's von Vinstingen verpfändete 1429 Johann von Vinstingen, Herr zu Falkenstein, seinen Antheil an Bettingen, an den Grafen Ruprecht von Virneburg[137]. In einer Urkunde vom Tage U. L. F. Concept. 1435 erklären Johann von Dollendorf und seine Gattin Katharina von Chriechingen, daß sie sich durch Vermittelung Johann's, Herrn zu Rodenmacher, und anderer Freunde, mit ihrem Schwager und ihrer Schwester, Gobart, Herrn zu Brandenburg, und Katharina von Dollendorf, seiner Gemahlin, wegen der Nachlassenschaft der Frau Irmgard von Fischbach verständigt haben[138].

Schon seit längerer Zeit war Erpeldingen ein adeliges Lehngut von Brandenburg, und jeder neue Herr mußte, wann er die Herrschaft zu Erpeldingen antrat, zu Brandenburg seine Huldigung darbringen. Bei dieser Gelegenheit schenkte er eine Gold- und Silbermünze[139]. Es geht diese Lehnsabhängigkeit Erpeldingens von Brandenburg aus folgender Urkunde hervor: Im Jahre 1437 erklärt Heinrich von Erpeldingen, daß er wegen erblicher Verfügung des Hauses Erpeldingen, als Lehn von Brandenburg, in Beschwerniß gerathen sei mit seinem gnädigen Herrn Junker Gobart (unser Gobart II), Herrn zu Brandenburg und Dollendorf, und mit Junker Ewmont, Herrn zu Fenstingen (Vinstingen) und Brandenburg[140].

Gobart scheint, wie sein Vater, selbstlustig gewesen zu sein. In einer Urkunde vom Jahre 1438 beklagt sich nämlich Johann, Herr von Rodenmacher, beim Grafen Heinrich von Nassau und Vianden über den Schaden, den ihm Gobart, Herr von Brandenburg, in einem Streite verursacht habe[141]. Im Jahre 1454, den 13. August, verkaufte Gobart von Brandenburg unter Einwilligung seiner Gattin, Katharina von Dollendorf, Schloß, Leute, Land und Herrlichkeit von Dollendorf, mit allem Zubehör für 1000 Rheinische Gulden an

---

[129] Bertholet VI, p. 219.

[130] Nach Publicat. IV, p. 121 folgte auf Johann (Sohn Diedrichs von Dollendorf und der Irmingard von Fischbach) sein einziger Sohn, Heinrich, dessen einzige Tochter und Erbin von Dollendorf, Catharina, 1430 mit Gobart von Brandenburg vermählt wurde.

[131] Fabric l. l. Abschl., p. 147—461.

[132] Publicat. III, p. 20, n° 19 u. 22.

[133] Id. n° 20.

[134] Id. n° 21.

[135] Id. n° 22.

[136] Bärsch Eifl. III, 2. Abtheil, 2. Abschn., p. 240.

[137] Id. 1. Abthl., 2 Abschn., p. 438.

[138] Id 2. Abthl. 2. Abschn., p. 239. Um die Unrichtigkeit des Datum von 1425, wie sie im Texte von Bärsch verfindet, darzuthun, haben wir uns auf das Jahreszahl von 1430, der Verehelichung Gobarts mit Katharina zu verweisen, wornach die Urkunde nothwendiger Weise nach dieser Epoche zu setzen ist. Dieser Jr.thum wird möglicher Weise in einem typographischen Fehler beruhen, weßhalb wir das Jahr 1435 annahmen.

[139] Dieticher Programm 1841—1842, p. 9, aus Erpeldinger Urkunden.

[140] Id. 1846—1847, p. 26.

[141] Publicat. III, p 29 n° 21 u. IV, p. 139.

Gerhard von Bonn, Grafen von Blankenheim [141]. Der Verkauf wurde jedoch nicht gutgeheißen, indem der Lehns-herr, Herzog Gerhard von Jülich und Berg, die gehörige Verwilligung verweigerte, weßhalb dann auch noch in dem-selben Jahre 1454, am Donnerstag nach St. Remiglus, Godart, Herr zu Brandenburg und zu Dollendorf, und seine Gattin ihre Mühle unter Lolschen, nahe bei Everlin-gen, an „Cleissingen-Ruhweck und Suntgen zwzen ewibe" in Erbbestand überlassen konnten [142].

Zu einer letzten auf Godart bezüglichen Urkunde vom Jahre 1456 bescheinigt Dammgel (Daniel) Kaltusen, Herr zu Hillesheim, durch Vermittelung Friedrich's von Bran-denburg, Herrn zu Clerf, mit Sywmont, Herrn zu Pinstingen und Godart, Herrn zu Brandenburg und Dollendorf sich ausgesöhnt zu haben [143].

Godart II hatte nur eine einzige Tochter, Engen (Anna) auch Anna Maria genannt, vermählt mit Simon von Pin-stingen.

Schannat und nach ihm Bärsch behaupten, daß Anna eine Tochter Katharinens von Dollendorf, und somit aus zweiter Ehe entsprossen wäre, was offenbar auf einem Irr-thume beruht. Nach Bertholet fand die Vermählung Anna's mit Simon von Pinstingen schon im Jahre 1429 Statt; dagegen bemerkt Ja Schannat, daß die Verehelichung Go-barts mit Katharina von Dollendorf erst in das Jahr 1430 fällt, also ein Jahr später als die Heirath Anna's, woraus deutlich erhellt, daß Anna nur eine Tochter aus der ersten Ehe mit Godart und Margaretha von Eldenborp sein kann [144].

Godart gehört zu der geringen Anzahl von Rittern, die sich in jenen bewegten Zeiten, während der Regierung der Herzogin von Görlitz, ganz ruhig und neutral verhielten, und weder die Ansprüche Wilhelm's von Sachsen, noch die der Herzogin von Görlitz unterstützten.

Nach einer Urkunde von 1442 zu urtheilen, theilte sein ihm benachbarter und verwandter Ritter, Johann von Pin-stingen, nicht dessen hinterlistige Gesinnungsart, sondern trat offener auf, machte jedoch einen Waffenstillstand mit Elisa-beth von Görlitz durch Vermittelung des Herrn v. Spontin

und von Wawern und Diedrich's vom Mengerfreut, Statt-halter's von Luxemburg und Chiny [145], und dieses wahr-scheinlich in der Absicht, die Sache auf friedlichem Wege beizulegen.

Godart II starb in einem sehr vorgerückten Alter, in den Jahren 1456—1457, nach dem er der Herrschaft Branden-burg über 46 Jahre vorgestanden hatte. Die großen Besitzthü-mer Brandenburg's gingen nun als Erbgut an seine einzige Tochter Anna und an ihren Gemahl Simon von Pinstin-gen über. Der Mannesstamm, der seit dem Entstehen der Herrschaft, also während drei ganzen Jahrhunderte, das Haus Brandenburg beherrschte, starb mit Godart II, als dem letzten männlichen Erben, aus. In den Seitenlinien Brandenburg's zu Mersch, Meysenburg und Esch, war der Mannesstamm schon etwas früher, in der ersten Hälfte des 15. Jahrhunderts, erloschen. Zu Stolzemburg erhielt er sich noch längere Zeit bis zum Ende des 15. Jahrhunderts näm-lich, wo die Herrschaft der weiblichen Linie zufiel, und durch Heirath einer Tochter an das edle Geschlecht der Freiherrn von der Heyden überging. Die Seitenlinie Clerf-Branden-burg bestand zu Meysenburg, welche Herrschaft durch Schen-kung an sie gekommen war, bis zur letzten Hälfte des 17. Jahrhunderts; in Clerf aber erlosch dieselbe Linie schon an-derthalb Jahrhundert früher, zu Anfang des 16. mit Gott-fried von Brandenburg, Gemahl der Katharina von Schynen.

Länger als die Hauptlinie der Herrn von Branden-burg, deren Mannesstamm, wie wir oben bemerkt, mit Go-dart II ausstarb, erhielt sich nach Bärsch auf das Zeugniß Bertholets, eine Nebenlinie, die sich in der Grafschaft Na-mür niederließ und den Titel der Vicomten von Eeclane führte. Von dieser Linie war Thierry (nach andern Frie-drich) von Brandenburg, Vicomte d'Eslane, welcher 1546 Gouverneur und Oberamtmann von Namür war. Im Jahre 1624 starb Peter Ernst von Brandenburg, ein Enkel Thierry's, der drei Töchter hinterließ, welche in die Häuser von Argentean, von Mern und von Lützburg vermählt wurden. Zu gleicher Zeit lebte Gilles von Brandenburg, Vicomte d'Oudenburg und Herr zu Bioul, ein Verwandter des Peter Ernst, welcher einen Sohn, ein Vicomten von Eeclane, hatte. Diesem wurden zwar 2 Söhne und 5 Töch-ter geboren, die Söhne wählten aber beide den geistlichen Stand und wurden Domherrn, so daß der Mannesstamm dieser Linie zu Ende des 17. Jahrhunderts erlosch. Eine

---

[141] Bärsch, Eiff. I, 1. Abth. 466, und III, 2. Abth., 2, Abschn., p. 240.

[142] Bärsch, Eiff. I, 1. Abth. p. 467.

[143] Publicat. III, p. 29, n° 26, und IV, p. 140.

[144] Id IV, p. 189. Das Schloß Berg von Hr. Dechanten Linden.

[145] Id. III, p. 29, n° 26.

der Töchter des Vicomten d'Esclaye, Maria Philippina Magdalena, wurde die Gemahlin des Ernst Renatus Victor d'Yve, Baron's von Sohe und ihre Nachkommen fügten Titel und Wappen des Hauses Brandenburg den ihrigen bei. Clara von Brandenburg, eine andere Tochter, heirathete 1690 Jakob Vincenz v. Spontin, Baron v. Frene, und brachte einen Theil der Besitzungen an die Familie von Spontin [147].

Simon von Vinstingen, dreizehnter Herr von Brandenburg. 1456—1463.

Simon von Vinstingen entstammte dem berühmten Hause der Herren von Vinstingen (Fénestrange) in Lothringen, und zählte zu seinen Ahnen Heinrich von Vinstingen, Erzbischof zu Trier (1269—1286) und jenen tapfern und kühnen Burchard, Herrn zu Vinstingen und Schönecken. Letzterer war vermählt in zweiter Ehe mit Blanchefflor von Brandenburg, wodurch Simon von Vinstingen, wahrscheinlich als dessen Enkel, noch ein entfernter Verwandter und Mitherr des Hauses Brandenburg war. Zu bemerken ist, daß die Herren von Vinstingen schon früher, ehe Simon die Tochter Gobarts heirathete, Mitherren von Brandenburg waren. Irmingard von Brandenburg nämlich heirathete schon einen Herrn aus dem Hause Vinstingen. Die Verbindung der beiden Häuser ward dann enger geknüpft durch die eben angegebene Heirath Blanchefflor's mit Burchard, weßhalb es sich erklären läßt, wie Simon stets neben Gobart den Titel eines Herrn von Brandenburg führen konnte.

Schon unter Gobart II, seinem Schwiegervater, haben wir Simon von Vinstingen angetroffen. Zuerst haben wir oben erwähnt, daß er zu zwei wiederholten Malen 1409 und 1429 mit Gobart einen Burgfrieden schloß; ferner erscheint er in der Urkunde vom Jahre 1437, welche Erpeldingen lehnsabhängig von Brandenburg erklärt. Im Jahre 1449 verkaufte Simon von Vinstingen und seine Gattin Engen (Anna) von Brandenburg ihr Achtel am Schlosse und der Herrschaft Bettingen an den Trier'schen Erzbischof Jakob I. Noch in demselben Jahre schloß auch derselbe Erzbischof mit den Gebrüdern Simon und Burchard, Herren zu

Vinstingen und Falkenstein, einen Burgfrieden [148]. Als nach dem Tode der Herzogin von Görlitz Philipp der Gute, Herzog von Burgund, den 25. Oktober 1451, Besitz von dem Herzogthume Luxemburg nahm, befand sich unter den vielen Rittern Luxemburgischen Adels, die dem Herzoge als Landesherrn huldigten, auch Simon von Vinstingen, Herr zu Brandenburg [149]. Im Jahre 1466 entschied zu seinen Gunsten der Ritterrichter Nöbel, Herr zu Elter und Sterpenich, einen Streit zwischen Simon, Herrn zu Vinstingen, und Gobart von Wiltz, der wegen Lehngüter zu Bickendorf entstanden war [150]. Simon von Vinstingen belehnte 1473 Emich von Enscheringen mit einem Burghause zu Bettingen, einem Hause zu Frenkingen und Gütern zu Bickendorf als Burglehn zu Bettingen [151]. Simon, Herr zu Vinstingen, erreichte ein sehr hohes Alter, denn 1477 stiftete er noch Anniversarien und zwei Wochenmessen in der Mutterkirche von Bettingen zu Frenkingen [152].

Der Ritter Bernard II von Burscheid besaß ein Brandenburger Lehn zu Bastendorf, die „Fuhrener Güter" genannt. Dort hielt er sich öfter des milderen Klimas wegen längere Zeit auf. Auf Veranlassung Simon's von Vinstingen und seines Schwiegersohnes Andreas von Haracourt, wurde er am 16. Dezember 1463 nach vorhergegangener dreimaliger Aufforderung seine Rechtstitel vorzulegen, dieses Lehns verlustig erklärt [153].

Simon von Vinstingen hinterließ mit seiner Gemahlin Engen (Anna) von Brandenburg ebenfalls nur eine einzige Tochter Margaretha, als Erbin aller dieser so bedeutenden Herrschaften. Diese vermählte sich 1461 an [154] Andreas von Haracourt, Herrn zu Lupy, und brachte ihm unter andern Gütern Dollendorf, Brandenburg, Berg, etc. und drei Viertheile von Falkenstein zu [155]. Durch Vereinigung dieser Herrschaften wurde Andreas von Haracourt einer der reichsten Edelmänner des Herzogthums.

[147] Bertholet VI, p. 150 u 151. — Bertsch, Eid. II, 2. Abthl. p. 241. In welcher Zeit und unter welchem Herrscher das Haus Brandenburg sich in zwei Hauptäste theilte, haben wir nirgend auffinden können; auch blieb uns gänzlich unbekannt der Name des Gründers dieser Seitenlinie.

[148] Bertsch, Eid. Illustr. III, 1. Abthl., 2. Abthn., p. 439.
[149] Publicat. IV, p. 140. Das Schloß Berg von Herrn Techanten Linden.
[150] Bertsch, Eid. III, 1. Abthl, 2. Abthn., p. 442.
[151] Id. — p. 440.
[152] Bertsch, Eid. III, 1. Abthl, 2. Abthn., p. 440.
[153] Nach Erpeldinger Urkunden.
[154] Publicat. IV, p. 140.
[155] Eid. III, 1. Abthl, 1. Abthn, 560.

Andreas von Haracourt, vierzehnter Herr von Brandenburg. 1463—1490.

Seit geraumer Zeit scheinen beide Familien von Haracourt und Brandenburg in freundschaftlichen Verhältnissen zu einander gestanden zu haben. Schon gegen das Ende des 16. Jahrhunderts heirathete Johann II in zweiter Ehe Margaretha von Haracourt. Auch trat Andreas Schwester in nähere Beziehung zu diesem edlen Hause, durch ihre Heirath mit Hue von Elter, einem Enkel Johann's von Elter und der Agnes von Brandenburg. Schon gleich nach seiner Vermählung mit Margaretha von Vinstingen erscheint Andreas von Haracourt in allen öffentlichen Acten als ein Herr von Brandenburg. In einer Urkunde desselben Jahres 1461, vom 22. September, bescheinigt Wilhelm von Saint-Zeigne, Ritter, Herr von Chaumaille, Raths- und Kammerherr des Herzogs von Burgund, General-Capitain des Herzogthums Luxemburg und der Grafschaft Chiny und Stellvertreter des Grafen von Porcien, Herrn von Crew, daß Andreas von Haracourt, Herr von Brandenburg, im Namen seiner Gemahlin Margaretha von Vinstingen, wegen des Schlosses (forteresse) und der Herrschaft Brandenburg den Lehneid geleistet habe [156]. Früher ist schon angedeutet worden, daß Erpeldingen ein adeliges Lehngut von Brandenburg war. Folgende in den Erpeldinger Archiven vorgefundene Urkunde vom „jar unsers Heren Dusent verhondert und LXIIII vff mittwoch nest na sent martins dach" 1455 gibt Zeugniß von einer solchen Huldigung. „Ich Endres alsten Son zo Harracourt, Herr zo Brandenburg vnd ze Dollenborf bekennen offentlich in diesem brenffe vor mich alle mine Erben und nakomen, Herrn zo Brandenburg, das ich Tame (Damen ec. Damian) von Woudersdorff vnd sine Erben belenet haan" etc. [157]. Auf St. Johann Baptist 1466 belehnte Andreas von Haracourt, Herr zu Brandenburg, den Erbmarschall Johann, Herrn zu Helfenstein, mit den Dörfern Zemmern und „Grantzborf", welche die Eltern der Frau von Helfenstein, die Wail von der Reuerburg, besessen hatten [158]. Im Jahre 1657 wurde Andreas von Haracourt vom Herzoge Gerhard von Jülich und Berg mit Haus und Herrschaft Dollenberf belehnt [159].

Andreas von Haracourt verkaufte im Jahre 1468 die Vogtei und Meierei Winterspelt mit Zubehör (in der Herrschaft Falkenstein) dem Abte und dem Kloster zu Prüm [160]. In einer Urkunde vom Jahre 1469, ausgestellt zu Nydebecken „up den Satertag der elff Dusend Jungfrauen bach" (auf den Samstag der 11000 Jungfrauen), bezeugt der eben genannte Herzog Gerhard, daß ihm sein lieber Getreuer Andreas von Haracourt, Herr von Brandenburg, sein Schloß Dollendorff, auf sein (des Herzogs) Begehren und Gesinnen, aufgethan und geöffnet habe, um solches mit seinem Volke zu besetzen und sich darin wider seine Feinde und beren Helfer zu vertheidigen [161]. Der Herzog versichert ihm nur so lange das Schloß Dollendorff in Besitz zu halten, als er dasselbe gegen seine Feinde bedürfe, so wie auch nimmer zuzugeben, daß die Leute des Herzogs von Burgund von diesem Punkte aus beschädigt würden. Gemäß einer Urkunde vom 22. September 1474 erhielt Claudius von Neuschateau, Herr zu Fian, Statthalter von Luxemburg, vom Herzoge Karl von Burgund den Befehl, dem Herrn Andreas von Haracourt, Commandanten des Schlosses Darnau (?) zwei Feldschlangen (eine Art langer Kanonen) und zwei Tonnen Pulver aus dem Arsenal zu schicken, um jene Veste zu vertheidigen gegen den Herzog Wilhelm von Sachsen, der das Herzogthum Luxemburg zu überfallen beschlossen hatte [162].

In einem in französischer Sprache abgefaßten Schreiben beklagt sich Andreas von Haracourt 1477 bei dem Herzoge von Jülich, daß ihm Eberhard von der Mark, von Arenberg, sein Haus Dollenberf wider seinen Willen eingenommen; ferner erklärt Andreas, daß er vor dem Herzoge von Luxemburg, dem derselbe unterworfen sei, Recht und Entschädigung fordern würde [163].

Andreas von Haracourt besaß auch drei Viertheile des Schlosses Falkenstein, wie sie vor ihm sein Schwiegervater Simon von Vinstingen inne gehabt. Dieses Schloß war in unrechtmäßige Hände gerathen und durch den Grafen von Chimau und andere Mannen des Erzherzogs Maximilian von Oesterreich, Herzogs von Burgund und Luxemburg genommen worden. Maximilian und seine Gattin, Maria von Burgund, verliehen 1479 dem Andreas von Haracourt, den

---

[154] Publicat. III, p. 20, n° 27, und Id. IV, p. 140.

[155] Programm des Diekirch 1841—1842: Aus Erpeldinger Urkunden. Id. Publicat. IV, p. 140.

[156] Bärsch III, 2. Abthl. 2. Abschn. p. 39.

[157] Eidt. I, 1. Abthl., 467, und Publicat. IV, p. 140.

[160] Publicat. III, p. 20, n° 28; Id. IV, p. 140.

[161] Id IV, p. 140, und Bärsch, Eifl. I, 1. Abthl. p. 468.

[162] Publicat. IV, p. 140.

[163] Bärsch, Eifl. I, 1. Abthl. p. 468. Publicat. IV, p. 141.

fie ihren amé et féal, escuyer conseiller et chambellan ordinaire nennen, das Schloß Falkenstein von neuem. Die Belehnungsurkunde wurde am 13. Januar 1479 zu Mecheln, ausgefertigt [164]. Nach Bärsch (Eiflia I, 1. Abthl., p. 218) schenkte ihm auch der Herzog, seiner treuen Dienste wegen, bei der nämlichen Gelegenheit die Herrschaft Bettingen.

In demselben Jahre 1479 genehmigte auch Andreas von Haracourt, Herr zu Lupy, Brandenburg und Dollendorf, als Lehnsherr, den Verkauf des Hauses und der Güter zu Dollendorf, mit allen Freiheiten und allem Zubehör, welchen Eberhard von Fischenich, genannt Bell, an Adam von Enselingh, genannt Klery, gemacht hatte [165].

Im Jahre 1483 schlossen mehrere Edelleute des Luxemburger Landes, unter welchen auch Andreas von Haracourt, ein Schutz- und Trutzbündniß zur Vertheidigung ihres Oberlehnsherrn Maximilian von Oesterreich, Herzogs von Burgund und Luxemburg, gegen die Herren von Rodenmacher, Richemont, Helperingen etc., welche mit Frankreich hielten, das damals mit Maximilian im Kriege begriffen war [166].

Andreas von Haracourt und seine Gemahlin Margaretha von Vinstingen, schlossen im Jahre 1490 einen Vergleich mit Diedrich, Grafen von Manderscheid, und Johann, Junggrafen von Manderscheid, welche als Vormünder der hinterlassenen Kinder des Grafen Cuno von Manderscheid und Blankenheim Ansprüche auf Schloß und Herrlichkeit Bettingen, Falkenstein und ein Viertheil des Schlosses Esch an der Sauer machten. Dem Vergleiche gemäß setzten die Grafen von Manderscheid ihre Forderung auf die Hälfte herab, für welche sie ganz befriedigt wurden und leisteten demgemäß Verzicht auf ihre Ansprüche. Gemäß einer Urkunde vom Jahre 1490 [167], zu Luxemburg, auf Freitag nach nativitatis Mariæ ausgefertigt, hatten sich schon früher die Grafen von Manderscheid wegen jener Ansprüche in Besitz des Schlosses Bettingen gesetzt, weßwegen die Gebrüder Johann von Vinstingen, Domherr und Chorbischof zu Trier, und Arnold, Herr zu Vinstingen und Falkenstein, Beschwerde darüber erhoben beim Markgrafen Christoph von Baden, Gouverneur von Luxemburg; gemäß dessen Entschei-

bung wurde ihnen Bettingen wieder eingeräumt [168]. Der Vergleich von 1490 ist der letzte öffentliche Akt, den wir von Andreas von Haracourt antreffen; wir glauben, daß sein Tod in diese Zeit fällt. Seine Gemahlin überlebte ihn eine Reihe von Jahren. Ihre bedeutende Nachlassenschaft bestand in folgenden Herrschaften und „Herrlichkeiten", wie sich zum Theil aus einer Urkunde von 1500 ergibt:

1. Schloß und Herrschaft Brandenburg;
2. Schloß und Herrschaft Dollendorf;
3. Schloß und Herrschaft Lupy;
4. Ihrem Antheile an dem Schlosse zu Falkenburg, in dem Westrich gelegen;
5. Ihrem Antheile an dem Hause zu Falkenstein an der Our;
6. Ihrem Antheile an Esch an der Sauer;
7. Ihrem Theile an den zwei Häusern Bettingen und Prüm in der Leyen;
8. Ihrem Hause zu Everlingen;
9. Ihrem Antheile zu dem Berge;
10. Einem Theile zu Fischbach;
11. Einem Theile zu Konterbrück auf der Saar;
12. Ihrem Antheile zu Gondelingen;
13. Ihrem Antheile zu Honcheringen; und
14. Ihrem Theile zu Walferingen nebst mehreren Allodialgütern (worunter Erpeldingen).

Andreas von Haracourt hatte, nach Bärsch, mit Margaretha von Vinstingen einen Sohn und vier Töchter:

a) Wilhelm von Haracourt, vermählt mit Helena von der Mark Aremberg. Er folgte auf seinen Vater.

b) Magdalena, die älteste der Töchter, vermählte sich mit Joachim von Wisch, Grafen von Vorkelse. Sie starb als Wittwe ohne Kinder zu hinterlassen.

c) Anna, zweite Tochter, welche blind war, heirathete den Grafen Johann VI von Salm (in Lothringen) und wurde zuletzt, bei kinderlosem und unbeerbtem Abgange ihres Neffen Eberhard, Sohns von Wilhelm von Haracourt, und ihrer Schwestern, die einzige Erbin aller väterlichen und mütterlichen Güter.

d) Margaretha und

e) Maria scheinen in ehelosem Stande geblieben zu sein. In einer Urkunde vom Jahre 1500, am 24. Dezember, erklärt Margaretha von Vinstingen, Wittwe des Andreas von Haracourt, daß sie ihren unvermählten Töchtern, Marga-

[164] Id. p. 469. Id.
[165] Id. Id. Id.
[166] Bertholet VIII, p. 9, und Publicat. IV, p. 141.
[167] Bärsch, Eifl. I, 1. Abthl., p. 218 u. 470. — Publicat. IV, p. 141.

[168] Id. I, 1. Abthl., p. 219.

retba und Maria, alle vorher genannten Herrschaften und Herrlichkeiten erblich vermache mit allem Zubehör, Rechten und Gerechtigkeiten nebst allen andern Gütern, die sie im Lande Luxemburg besitze, mit Ausnahme von Brandenburg.

Letztere Herrschaft nebst Rupp und Dollendorf fielen wahrscheinlich ihrem Sohne Wilhelm als Erbe zu, da sich später dessen Sohn, Eberhard von Haraconrt, Herr von Rupp, Brandenburg und Dollendorf nannte. Diese Verzichtleistung Margaretha's hinsichtlich jener Besitzthümer und Güter zu Gunsten ihrer Töchter geschah vor dem Herrn Bernard, Herrn zu Burscheid, Ritter und Richter der Edlen des Herzogthums Luxemburg, und in Gegenwart sechs edler Lehnmannen: Paulus Böß von Waldeck, Herrn zu Rinßern, Gerard, Herrn zu Wilz, Bernard und Gotthart, beide Herren zu Bilz (Felz), Philipp's von Schönberg und Heinrich von Lachen, Herrn zu Schindely [169].

Kurfürst Johann von Trier genehmigte die Urkunde mit dem Vorbehalte: „so vil er des von Rechtswegen zu doen habe als der geistlich ordinarius so ferne die dinge geistlichkeit oder sachen die darauß fliessen betreffen" durch einen Transsfir, der zu Pfaltzel, am Dienstage nach dem h. Osterfeste 1601 ausgestellt wurde [170].

Margaretha von Haracourt, die ältere Schwester, kommt noch seitdem in mehreren Brandenburgischen Documenten vor; von der jüngern, Marie von Haracourt, findet sich keine Nachricht weiter. Wahrscheinlich starben sie aber beide unvermählt und die ihnen von ihrer Mutter gemachten Besitzungen fielen an die ältere überlebende Schwester, Magdalena und Anna. Letztere machten ebenfalls Ansprüche auf die bedeutende Nachlassenschaft ihres Neffen, Eberhard's von Haracourt, Herrn von Rupp, Brandenburg und Dollendorf, der 1536 unvermählt starb[171]. Im Jahre 1522 erließ das Edelgericht von Luxemburg einen Urtheilsspruch zwischen Philipp's von Baden, Statthalter zu Luxemburg, und dem Herrn von Chrichingen wegen Pittingen, einerseits, und Margaretha von Haraconrt, Dame von Brandenburg, andrerseits [172].

Gemäß einer Urkunde vom 28. Januar 1524 bescheinigt Valentin, Herr von Pfenburg, Neumagen und Johannisberg, Ritterrichter, daß zwischen Margaretha von Hara-

court, Dame von Everlingen, und dem Herrn von Chrichingen, als Witherrn von Pittingen, wegen des Zehnten (la nome) von Bissen, worauf beide Ansprüche machten, und wegen eines Gutes zu Pittingen, Streitigkeiten ausgebrochen, und daß das Edelgericht entschieden habe, daß, ehe die Sache abgeurtheilt würde, zuvor die Beweise von beider Rechten dargethau werden müßten [173].

Endlich stellte Margaretha von Haraconri dem Hause Erpeldingen den 16. Januar 1539 noch eine Belehnungsurkunde aus, worin es heißt [174]: Ich margareth von Harracourt, jungfrauwe zu falkenstein vnd Brandenburg, etc., thon kund vnd bekenne...., das ich mynen lieben vnd getrauwen den erenwesten Reynhart von Baullich zur Zeit amptmann der Grafschaft Salm belehnet han" etc. [175].

Margaretha von Pinstingen, Wittwe des Andreas von Haraconrt, erreichte, wie aus Folgendem erhellt, ein hohes Alter. Heinrich, Graf von Nassau, Dietz, Katzenellenbogen etc., bescheinigt, im Jahre 1512 die Dame Margaretha von Pinstingen belehnt zu haben: 1. mit der Meierey von Hummertingen, 2. der von Tegen und Berschied, 3. der von Lichtenberg und 4. mit einem Gute zu Landscheid [176]. Margaretha von Pinstingen verpfändete auch um diese Zeit an ihre Nichte, Elisabeth von Elter, Gemahlin Bernard's III von Burscheid, Ritterrichters, die Bleesmühle für die Summe von 100 Guleen. Von letzterer kam sie an den Müller von Dietkirch für eine gleiche Summe, wurde aber einige Jahre später von Margaretha wieder eingelöst für den hohen Preis von 1500 Guleen [177]. Während jener Zeit kaufte auch Margaretha von Pinstingen, von Kummel, dem Markvogte zu Dietkirch, die Hälfte des großen Hofgutes zu Ingeldorf, welches Gilles, der zweite Gemahl der Margaretha von Burscheid, an letzteren verpfändet hatte. Diese Güter kamen später, da sie bei der Theilung von Burscheid nicht mehr

[169] Bärsch, Eifl. I, I. Abthl. p. 473. — Publicat. IV, p. 142.

[170] Id. Id., p. 473.

[171] Publicat IV, p. 142.

[172] Publicat. III, p. 29, n° 31.

[173] Id. Id. p. 30, n° 32, und Id. IV, p. 142.

[174] Programm 1841–1842, p. 10. — Publicat. IV, p. 142.

[175] Wir sind der Meinung, daß in dem drei zuletzt genannten Urkunden die Tochter des Andreas von Haraconrt und nicht dessen Gemahlin zu verstehen ist, weil ja schon seit 1500 Margaretha von Haraconrt im wirklichen Besitze obenerwähnter Herrschaften war, so wie auch aus dem Grunde, daß die Mutter Margaretha sonst überall ihren Familiennamen von „Pinstingen" trägt. Im andern Falle müßte Margaretha von Pinstingen, Gemahlin des Andreas von Haraconrt, ungemein lange gelebt haben, da sie schon 1461 geheirathet war.

[176] Publicat. III, p. 29, n° 30.

[177] Erpeldinger Urkunden.

eingelöft wurden, an den Grafen von Schwarzenberg, Herrn zu Fifchbach und Hohen-Landsberg [176].

Wilhelm von Haracourt, fünfzehnter Herr von Brandenburg. 1490—1511.

Wilhelm von Haracourt, ältefter Sohn des Andreas und der Margaretha von Vinftingen, vermählte fich, wie Bärfch angibt, 1496 mit Helena von der Mark, Tochter Eberhard's von der Mark, Herrn zu Aremberg. Der letztere verfprach, mit Genehmigung feiner Söhne Eberhard und Ruprecht, feiner Tochter eine Mitgift von 6000 Gulden [178]. Gleich bei feiner Heirath kam Wilhelm von Haracourt auch in den Befitz der Herrfchaft Brandenburg und Dollendorf, nachdem er fchon früher beim Tode feines Vaters Andreas die bedeutende Herrfchaft Lupn von diefem geerbt hatte. In einer Urkunde, nach aller Wahrfcheinlichkeit vom Anfange des 15. Jahrhunderts, kommt Wilhelm von Haracourt unter der großen Anzahl von Rittern und Edeln des Herzogthums vor, welche einen Vertrag fchloffen, durch welchen fie allen Streitigkeiten, die in jener Zeit fo häufig zwifchen den Edeln vorkamen, vorbeugen wollten. Zu diefem Zwecke beftellten fie ein Schiedsrichtergericht, zufammengefetzt aus folgenden Rittern : Bernard, Herrn von Burfcheib, Ritterrichter, Johann von Schauwenburg, Senefchall, Bernard, Herrn von Fels und Meerstroff, Erblammerherrn und Hartard von Wiltz, Herrn zu Schulburg [180].

Wilhelm von Haracourt, Herr zu Brandenburg, Lupn und Dollendorf, ftarb fehr jung, noch vor dem Jahre 1512, und hinterließ mit feiner Gemahlin, Helena von der Mark-Aremberg, nur einen Sohn Eberhard. Seine noch junge Wittwe vermählte fich wieder mit Werner von Hompefch Herrn zu Wachendorf, Ritter und Amtmann zu Münftereifel. Diefer wurde 1512, während der Minderjährigkeit feines Stieffohnes Eberhard, von Johann v. Cleve, Herzog von Jülich und Berg, mit Schloß u. Herrlichkeit Dollendorf belehnt [181]. Helena, welche auch diefen Gemahl überlebte, hielt fich nach feinem Abfterben zu Wachendorf auf, welches ihr zu Wittthum verfchrieben worden. Sie ftarb am 1. Januar 1537 und wurde neben ihrem Sohn Eberhard, zu dem wir jetzt übergehen und deffen Tod fchon zwei Jahre früher erfolgt war, in der Pfarrkirche zu Dollendorf begraben.

Eberhard von Haracourt, fechzehnter Herr von Brandenburg. 1511—1535.

Eberhard von Haracourt, einziger Sohn und Erbe feines Vaters, Wilhelm's von Haracourt, Herrn zu Lupn, Brandenburg und Dollendorf, und der Helena von der Mark-Aremberg, war noch fehr jung bei dem frühzeitigen Tode feines Vaters, und fcheint während feiner Minderjährigkeit unter der Vormundfchaft feiner Mutter geftanden zu haben. Daher ward auch fein Schwiegervater, Werner von Hompefch, an feiner Statt, wie wir fo eben bemerkt haben, von Neuem mit Dollendorf belehnt. Er ftarb ehelos in fehr jungem Alter, und erhielt ein Grabmal in der Kirche zu Dollendorf. Ihn beerbten feine beide Tanten Margaretha und Anna, letztere durch Heirath Gräfin von Salm und wurden demnach Freiherrinnen der Herrfchaften von Brandenburg, Lupn und Dollendorf. Nach bald darauf erfolgtem Tode der Margaretha von Haracourt gingen alle väterlichen und mütterlichen Güter des berühmten Haufes Brandenburg an die einzig überlebende Erbin, Anna von Haracourt, Gräfin von Salm, über.

Johann VI, Graf von Salm, fiebenzehnter Herr von Brandenburg. 1535—1544.

Anna von Haracourt, vermählte fich, wie bereits erwähnt, mit dem Grafen Johann VI von Salm in Lothringen und brachte ihrem Gemahle die beträchtlichen Befitzungen des Haufes Brandenburg zu, bei welcher Familie diefelben nun auf einige Zeit verblieben. Diefe Ehe freute fich einer großen Kinderzahl [182]:

1. Johann VII, der Nachfolger feines Vaters.
2. Nikolaus, berühmter Feldherr und einer der tapferften Krieger feiner Zeit. Als General-Hauptmann von Öfterreich zeichnete er fich befonders bei der Belagerung Wien's durch Soliman im Jahre 1529 aus; er ftarb an den Wunden, die er bei Vertheidigung der Stadt erhielt. Er ift der Stammvater der Grafen von Neuburg auf dem Inn in Öfterreich, welche Seitenlinie des gräflichen Haufes Salm erft 1784 mit dem Grafen Karl Vincenz ausftarb.
3. Heinrich Armand, Domherr zu Trier und Metz.
4. Anna, welche im Jahre 1527 den Grafen Jakob von

[176] Idem.
[178] Bärfch. Eifl. I, 1. Abthl., p. 470.
[180] Histoire de Viandan par Dr. Neyen, p. 181. P. J. XXVI.

[181] Bärfch. Eifl. I, 1. Abthl., p. 470.
[182] Bertholet III, Genealog. Tafeln der Grafen von Salm, ant. vol. XXXVIII.

Mauderscheid-Blankenheim, Herrn in Kerl, Daun, Bettingen etc. heirathete und ihm Güter zu Bettingen (an der Prüm und an der Knll), Berg, Fischbach, Everlingen etc. und nach dem Tode der Mutter auch die Herrschaft Dollendorf zubrachte [103].

5. Eva, Gemahlin Heinrich's von Würtemberg.

6. Magdalena endlich, in erster Ehe mit Philipp, Grafen von Reyneck, und in zweiter mit Joachim, Baron von Fisch, vermählt.

Anna von Haracourt, Dame zu Brandenburg und Gräfin zu Salm, überlebte längere Zeit ihren Gatten Johann VI und sogar ihren Sohn Johann VII, denn letzterer starb schon 1548. Im Jahre 1548 wurde durch Urtheilsspruch des Provinzialrathes von Luxemburg, der in der Herrschaft Brandenburg gelegene Meierhof Tyndell (Tandel) der Anna von Haracourt, Gräfin von Salm und Dame von Brandenburg, zuerkannt, worauf der Graf von Vianden ebenfalls Ansprüche gemacht hatte [104].

Im Jahre 1553 befand sich die verwittwete Gräfin von Salm, geborene von Haracourt, noch im Besitze der Herrschaft Dollendorf, starb aber im Jahre 1557.

Johann VII, Graf von Salm, achtzehnter Herr von Brandenburg. 1544—1548.

Johann VII, Graf von Salm, Herr zu Viviers, Marschall des Herzogthums Lothringen, vermählte sich mit Louise von Stainville; mit dieser Gemahlin zeugte er folgende Kinder:

1. Johann, lothringischer Marschall und Gouverneur von Nancy. Er starb im Jahre 1600, ohne Kinder zu hinterlassen.

2. Claudius, lothringischer Rath, starb unvermählt.

3. Paul, lothringischer Kämmerer, von dem unten Rede sein wird.

4. Franziska, vermählt mit Friedrich Wild- und Rheingrafen.

5. Barbara Anna, in erster Ehe mit Balthasar von Hauffonville vermählt, in zweiter mit Franz von Coligny, Herrn von Andelot.

6. Antoinette-Louise, von welcher alle Nachrichten fehlen.

Im Jahre 1546 gibt Johann VII (Courte) von Salm Herr von Viviers, Marschall des Herzogthums Lothringen, seinem Oberamtmann Joachim von Bettingen und seinem Sekretär, Heinrich von Diedenhoven, die Vollmacht, einen Compromiß zu unterschreiben, damit er zu einem Vergleiche komme mit Jakob, Grafen von Mauderscheid und Blankenheim, Herrn von Daun und Kerl, als Gemahl der Gräfin Anna von Salm, und als Bevollmächtigter Magdalena's, geborene Gräfin von Salm, Wittwe, Dame von Fischbach, seine Schwestern, von wegen der Hinterlassenschaft ihrer Mutter, Anna von Haracourt, Dame von Brandenburg [106].

Gemäß dieser Urkunde kam eine wirkliche Transaction zwischen beiden Theilen zu Stande und Jakob von Mauderscheid erhielt wegen seiner Gemahlin Anna unter andern Gütern Antheile an den Herrschaften Everlingen, Fischbach, Vinstingen, Bettingen, Berg etc. und nach dem Tode der Mutter (dieses fand noch Statt bei Lebzeiten der Mutter) die Herrschaft Dollendorf.

Johann VII hat nur kurze Zeit die Herrschaft Brandenburg und die Güter derselben in Besitz gehabt; er starb schon 1548. Seine Gemahlin Louise von Stainville lebte bis zum Jahre 1586; beide sind in der Kirche zu Salival begraben.

Paul, Graf von Salm, neunzehnter Herr von Brandenburg. 1548—1586.

Paul von Salm (Ober-Salm in Lothringen) folgte seinem Vater Johann VII als Grafen von Salm und Herr von Brandenburg etc., und heirathete Maria le Veneur Tillières, Tochter von Tanneguy le Veneur, Herrn von Carrouge, Grafen von Tillières, und der Magdalena von Pompadour [107]. Seine beiden Brüder, die Grafen Johann und Claudius von Salm, scheinen aber zugleich mit ihm Antheil an der Herrschaft gehabt zu haben, wenigstens an den Gütern, welche von ihrer Großmutter Anna von Haracourt herrührten. Deßwegen konnte auch Claudius, Graf zu Salm, Herr zu Winery, Vinstingen und Brandenburg, im Jahre 1573 in Vereinigung mit Diedrich, Grafen zu Mauderscheid und Blankenheim, Herr zu Daun, Kerl, Bettingen und Falkenstein, durch ihre Bevollmächtigten Wolf von Scheibel und Meinhard, Bürger zu Diekirch, ein Verzeichniß der

103) Bärsch, Eifl. I, 2. Abschn. p. 566.
104) Publicat. III, p. 90, n° 34. — Idem IV, p. 143
105) Bertholet III. Genealog. Tafeln der Grafen von Salm XXXIX. Publicat. IV, p. 143.

106) Publicat. III, p. 30, n° 34. — Id IV, p. 143.
107) Bertholet III. Genealog. Tafeln der Grafen von Salm, ant. Vol. XXXIX.

Geldbrücker Güter zu Berg aufnehmen laffen. Genannte Grafen von Salm und Manderscheid befaßen nämlich zwei Drittheile diefer Güter [100]. Auch leiftete im Jahre 1574 Graf Claudius von Salm im Namen feiner Brüder, zu Gunften des Grafen Diedrich von Manderscheid, gänzlich Verzicht auf Dollendorf, welche Herrschaft schon früher Jakob von Manderscheid-Karl, Vater des letztern, bei feiner Vermählung mit Anna, Tochter des Grafen von Salm und der Anna von Haracourt, zur Mitgift erhalten hatte [100]. Paul von Salm hatte von feiner Gemahlin Maria le Veneur Tilliers nur eine einzige Tochter Chriftina, welche im Jahre 1597, am 2. März, fich mit Franz von Lothringen, Grafen von Baudemont, dem Sohne des Herzogs Karl III von Lothringen, vermählte. Der Graf Paul von Salm, Herr zu Brandenburg, lebte noch 1585, wie aus einem von ihm an den Grafen von Mansfeld geschriebenen Briefe erhellt, worin er fich an letztern wendet, um einen Empfang: schein der verschiedenen vom Herzogthume Luxemburg abhängigen Lehnsgüter zu erhalten [100]. Im nächftfolgenden Jahre ftarb er und hinterließ nach dem Abfterben feiner beiden Brüder Johann (†1600) und Claudius, feine Tochter Chriftina als einzige Erbin der Häufer Salm, Brandenburg etc. Nach dem Tode Pauls übte von 1586 — 1597 fein älterer Bruder Johann Courte von Salm, Herr von Blviers, Marschall von Lothringen und Gouverneur von Nancy, die Vormundschaft aus über Maria le Veneur, Wittwe des Grafen Paul von Salm, Herrn von Brandenburg, Esch, Wily, Honcheringen, Everlingen, Berg etc. und deren einzige Tochter Chriftina, und ließ 1590 in feiner Eigenschaft als Vormund ein Güterverzeichniß aufftellen [101].

Im Jahre 1591 geben Ritters Hans und Ritters Klaus von Grümmelscheid und Gobels Heinrich von Baftendorf das Verzeichniß der Güter, welche fie als Lehn haben von Chriftina, geborner Gräfin zu Salm, Dame zu Brandenburg, Vittingen und Faltenburg [100].

Einige Jahre später erhielt Diedrich II von Metternich, Herr zu Burscheid, ein Verwandter Brandenburg's, von dem fo eben erwähnten Johann von Salm, Herrn von Bi- viers etc., durch ein persönliches Schreiben desselben, die Vollmacht, alle und jede im Herzogthum gelegene Lehngü-

ter der Gräfin Chriftina, in deren und feinem Namen als Nebenvormund, beim Könige zu erheben und den Vafallen- eid zu leiften [100].

Franz von Lothringen, Graf von Baudemont, zwanzig- fter Herr von Brandenburg. 1597—1600.

Diefer Franz von Lothringen, Gemahl Chriftinens von Salm, Brandenburg u. f. w., war der dritte Sohn Karl III, Herzogs von Lothringen, und der Claudia von Frankreich, (Tochter des Königs Heinrich II) und Bruder des Herzogs von Lothringen, Heinrich II, welcher auf feinen Vater folgte, und Karl's von Lothringen, Cardinal und Bischof von Straß- burg [104]. Seine beiden Söhne Karl und Nikolaus Franz, welche die beiden Töchter des Herzogs Heinrich II, ihres Cheim's, der keine männlichen Erben hinterließ, heiratheten, folgten letzterem in der Herrschaft unter den Namen Karl IV und Nikolaus Franz, als Herzöge von Lothringen. Karl IV ftarb ohne Kinder und fein Bruder Nikolaus Franz ver- erbte die Herzogswürde auf feinen Sohn Karl V, der mit Eleonore Maria von Öfterreich, Schwefter des Kaifers Leopold I und Wittwe des Polenkönigs Michael Kornbut Wisniowiecki, verheirathet wurde. Auf diefen folgte in der Herzogswürde fein erftgeborner Leopold, deffen Sohn Franz I, Herzog von Lothringen, als Gemahl der Kaiferin Maria Therefia, der Stammvater des gegenwärtigen öfterreichischen Kaiferhaufes wurde [105].

Franz von Lothringen, Graf von Baudemont, und feine Gemahlin Chriftina von Salm hielten fich beftändig zu Nancy, der Hauptftadt Lothringens, auf. Ihre finanzielle Lage scheint nicht überaus glänzend gewesen zu fein, denn schon 1599, am 23. April, 2 Jahre nach feiner Vermäh- lung, bevollmächtigten Franz von Baudemont und Chriftina von Salm ihren Rentmeifter Johann Terrel, in ihrem Na- men die Freiherrschaften von Brandenburg, Esch, Everlin- gen und Honcheringen, fowie auch die Herrschaft Lupy mit

---

[100] Publicat. IV, p. 143.
[100] Bürsch, Eid. I, 1. Abthl. p. 473.
[100] Publicat. III, p. 50, n° 41.
[10] Publicat. IV, p. 145. — Idem III, p. 30, n° 44.
[100] Idem idem, n° 46 et 47.

[100] Nach Erpeldinger Urkunden.
[104] Berthol III, Genealog. Tafeln der Herzöge von Lothringen, nach P. Dom. Calmet.
[105] Mit dem deutschen Kaiser Karl VI, dem Vater der Maria Therefia war der Mannesftamm des Houses Habsburg erloschen und durch Heirath diefer feiner Tochter an Franz II, Herzog von Loth- ringen, fomit feiner letztern Haus auf den deutschen Kaiferthron. Franz trat 1737 das Herzogthum Lothringen an den Polenkönig Stanislas I ab, erhielt aber balsür das Herzogthum Toscana und wurde endlich, nach Karl VII von Bayern, deutscher Kaiser unter dem Namen Franz I. Nach ihm regiert fein Stamm aus dem Haufe Habsburg-Lothringen ununterbrochen fort bis auf den heutigen Kaiser Franz Jofeph.

7

2 Schlössern und allem Zubehör, zu verkaufen oder zu verpfänden, damit sie die Herrschaft Inrauestein in Loth= ringen, welche an ihre Besitzungen grenzte und der Wittwe und den Erben des verstorbenen Herrn du Roêne zugehörte, ankaufen könnten [100]. Das Loos der Brandenburgischen Gü= ter schien nun bestimmt und die Besitzungen der Gräfin Christina im Herzogthume Luremburg befanden sich bald in fremden Händen. Schon in demselben Jahre wurde, nach Hrn. Linden, die Herrschaft Berg, d. h. der Erbtheil, die Rechte und Gerechtigkeiten, welche Paul und Christina zu Berg und Colmar besaßen, von der Freiherrschaft Branden= burg getrennt und kraft obiger Vollmacht besonders ver= kauft. Claude de Musiel, Ritter und Herr zu Thorn, kaufte dieselben im Namen und zu Nutzen seines Mündels Hans Matheisen von Berg (bei Remich) für die Summe von 12,000 kleinen (schlechten) Gulden (den Gulden zu 10 Stü= ber) oder 4100 Luremburger Thaler. Die gerichtliche Über= tragung der Herrschaft Berg an seinen neuen Eigenthümer hatte nach damaligem Gebrauche Statt vor dem Rittersitze, am 2. Juni 1599 zu Luremburg, in Gegenwart des Herrn Eustachius von Münchhausen, Pfauerherrn zu Esch an der Sauer und nassau=oranischen Oberamtmann's der Graf= schaft Vianden und der Herrschaft St. Vith, Dasburg und Bütgenbach, und folgender sechs adeliger Lehnmannen des Herzogthums Luremburg als Zeugen: Johannes von Bran= denburg, Herrn zu Meysemburg, Gerard von der Horst, Paulus von der Fels, Herrn zu Heffingen und Merich, Adrian Walbecker, Johann von Ouren, Johann Hartard von Elter, Herrn zu Birtringen [101]. Gegen diesen Kauf erhoben Gerard von der Horst, der als Zeuge bei diesem Transport vorkömmt, und Anna Maria von Malberg (Milburg), als Mitherrin und Dame zu Berg, Widerspruch, indem sie einwendeten, daß der verkaufte Theil für den Hans Matheisen von Berg nicht vortheilhaft und zweckmäßig wäre, sondern vielmehr ihnen, die schon bedeu= tende Besitzungen dort hatten. Sie begehrten also und erhiel= ten auch das Recht des Wiederkaufs (le droit de rachat) in Jahr und Tag, im Falle die Erben oder Verwandten der Häuser von Vaubemont und Salm bemeldete Herrschaft in diesem Zeitraume nicht selbst einlösten. Der Graf von Manderscheid=Kayl, als Verwandter der Grafen von Salm, verzichtete für sich und seine Nachkommen auf das

Recht der Wiedereinlösung; das Nämliche thaten die übri= gen Verwandten. Gerard von der Horst löste nun im näm= lichen Jahre 1499, am 1. September, die Herrschaft wieder ein. Der Akt der Wiedereinlösung geschah zu Luremburg in Gegenwart Jakobs von Rollingen, Ritterrichters, und seiner edlen Beisitzer [102].

Franz von Lothringen, Graf von Vaubemont und Salm, Herr von Brandenburg etc. starb schon den 4. Mai 1608, seine Gattin, die Gräfin Christina erst im Jahr 1625. Beide hinterließen folgende Kinder:

1. Karl, der am 24. November 1624 als Herzog Karl IV auf seinen Oheim Herzog Heinrich II, da letzterer keine männlichen Erben hinterließ, in Lothringen gefolgt ist.

2. Nikolaus Franz, der präsumtive Erbe und Nachfolger seines ältern Bruders Herzog Karl IV, starb aber schon vor demselben im Jahre 1670. Zu seine Rechte trat nun aber sein Sohn, Karl von Lothringen, der, wie wir be= reits bemerkt, im Jahre 1675, beim Tode seines Oheims Herzogs Karl IV, als Karl V, Herzog von Lothringen wurde. Unter seinen vielen Kindern, welche er mit Eleonore Maria von Oesterreich, Wittwe des Königs von Polen hatte, wurde der erstgeborene Leopold sein Nachfolger; Karl Joseph, Bischof von Olmütz, wurde Kurfürst zu Trier, und ein drit= ter, Franz Anton, Abt zu Stavelot, ersetzte beim Tode sei= nes Bruders diesen Kirchenfürsten in seiner hohen Würde [103].

Karl IV, Herzog von Lothringen, Graf von Vaubemont und Salm, einundzwanzigster Herr zu Brandenburg.
1608—1628.

Karl's von Lothringen Gemahlin war die Prinzessin Ni= kole, älteste Tochter seines Oheims Heinrich II, Herzogs von Lothringen, aus zweiter Ehe mit Margaretha von Gonzague; die erste Gemahlin Heinrich's II, Katharina von Bourbon, Schwester Heinrich's IV, Königs von Frank= reich, war nämlich ohne Kinder gestorben. Karl von Loth= ringen ist der letzte Herr und Besitzer aus der weiblichen Brandenburger Hauptlinie und in seine Lebzeit fällt die Veräußerung aller Brandenburgischer Güter mit Zubehör, welche sich im Herzogthume befanden. Schon seit 1599 waren Franz von Lothringen und Christina von Salm, seine El= tern, mit dem Gedanken umgegangen, diese Güter zu ver= äußern, und hatten in demselben Jahre, gemäß ihrem Ent=

[100]) Publicat. IV, p. 145.
[101]) Meurp. Pierret, hist. de Luxembourg, I, p. 271. — Publi=
cat. IV, p. 146.
[102]) Publicat. IV, p. 146.
[103]) Bertholet III, nach Dom. Calmet. Genealog. Tafeln.

schluffe, mit der Herrschaft Berg den Anfang gemacht. Auch Karl, seit 1624 Karl IV, Herzog von Lothringen, war diesem Plane, weil er sich wahrscheinlich noch immer wegen des Ankaufs von Turquestein in Geldverlegenheit befand, nicht abgeneigt, und da, bei dem einmal gefaßten Entschlusse, die Brandenburger Güter sein Interesse weniger in Anspruch nahmen, so erließ er sogar im Jahre 1627 einem Herrn von Genderßdorf, Herrn zu Erpeldingen, alle und jede Lehnmannspflicht, wodurch das Haus Erpeldingen eine unmittelbare und eigenmächtige Herrschaft wurde [400]. Im darauf folgenden Jahre 1628, am 11. Dezember, erfolgte endlich der definitive Verkauf der Herrschaften und Schlösser Brandenburg nebst Everlingen und Allem, was ihnen am Schloß und der Herrschaft Esch zugehörte, durch Karl IV, Herzog von Lothringen, und dessen Brüder und Schwestern, für die Summe von 56,000 Reichsthalern, der Reichsthaler zu 48 Stüber. Ankäufer waren die beiden Herren: Sebastian Baur von Kitzingen, Colonel in spanischen Diensten, und seine Gemahlin Katharina von Cappell, und andererseits Karl von Staffln, ebenfalls Colonel in spanischen Diensten, und seine Gemahlin Barbara Baur. Schon in den ersten Tagen, am 14. Dezember desselben Jahres und Monates, fand die gerichtliche Übertragung Statt vor dem Ritterrichter des Herzogthums Luxemburg, Bernhard, Freiherrn von Schwarzenberg und Hohen-Landsberg, Herrn von Champillen, Fischbach x., und in Gegenwart von sechs edlen Beisitzern: Franz von Dallamout, Herrn von Champs und Neville, Probst und General-Hauptmann zu Luxemburg, Conrad Hermann, Herrn von Els, Hessingen, Merich, Amtmann zu Remich, Johann Heinrich Schloeder von Lachen, Herrn von Schönfels, Karl von Danche, Herrn von Saneu, Karl von Duren, Herrn von Tavigny und Ernst Fock von Hubingen, Herrn von Heisdorf [401].

So kam endlich Brandenburg mit Schloß und Gütern, Renten, Gerechtsamen und Unterthanen in fremde Hände, nachdem es während drei ganzen Jahrhunderten (1150–1455) vom Mannesstamm beherrscht worden, und noch fast zwei Jahrhunderte hindurch (1455–1624) in der weiblichen Linie fortbestanden hatte.

Indem wir hier, des Raumes wegen, den Faden der Geschichte Brandenburgs abbrechen, erlauben wir uns die Hoffnung auszusprechen, daß uns noch die Gelegenheit geboten werde, denselben wieder aufzunehmen und zu Ende zu bringen. Auch statten wir hiermit allen Geschichtsfreunden, die uns bei unserer Arbeit behülflich waren, namentlich unserm Collegen, Herrn Professor Glasen, unsern innigen Dank ab.

Diekirch, im Juni 1861.

Dr. W. Graf, Professor.

---

[400] Nach Erpeldinger Urkunden.

[401] Publicat. IV, p. 36.

— 29 —

Studienplan für das Schuljahr 1861—1882.

PLAN D'ÉTUDES, POUR L'ANNÉE SCOLAIRE 1861-1862.

Gegenstände des Unterrichtes. / Objets D'ENSEIGNEMENT.	Vorbereitungs-Klasse. / Classe préparatoire.	Humanioren. Cours humanit. (VI)	Gewerb-Curse. Cours industriels (VI)	Vermeinsch. Curse. Cours communs (VI)	Humanioren. Cours humanit. (V)	Gewerb-Curse. Cours industriels. (V)	Vermeinsch. Curse. Cours communs. (V)	IV.	III.
Religion. Religion.	2			2			2	2	2
Deutsch. Allemand.	6*		1	4		1	3	2	2
Französisch. Français.	8		1	5		1	3	3	2
Lateinisch. Latin.		8			8			8	8
Griechisch. Grec.					3			4	4
Mathematik. Mathématiques.	5		2	3		2	3	3	3
Geschichte und Geographie. Histoire et Géographie.	2			3			3	3	2
Naturwissenschaften. Sciences naturelles.						5			2
Buchhaltuug. Tenue des livres.			2			2			
Schönschreiben. Calligraphie.	2		2						
Verbindliche Stunden. Heures obligatoires.	25	8	8	17	11	11	14	25	25
Zeichnen. Dessin.**	3		5			5		3	3
Gesang. Chant.	2			2			2	2	2
Turnen. Gymnastique	3			3			3	3	3
Nicht verbindl. Stunden. Heures non obligatoires.	8			8			8	8	8
Silentium im Winter. Silence en hiver.	14			14			14	14	14
„ im Sommer. „ en été.	20			20			20	20	20

*) Les élèves français recevront à part un cours d'allemand de trois heures.
**) Ce cours est obligatoire pour les élèves de la section industrielle.

Répartition
des heures de leçons entre les professeurs.

Professeurs.	Classe préparatoire.	CLASSES MIXTES.				CLASSES purement gymnasiales		TOTAL.
		VI. gymnasiale	V. industrielle	V. gymnasiale	IV. industrielle	IV.	III.	
M. Stahres, directeur.			3 Allemand				8 Latin. 2 Français.	13
M. Biver.		3 Arithmét.	(3)* Arithmétique. 2 Arithmét.	3 Mathématiques.	(3) Mathém. 2 Mathém. 1 Français.	3 Mathématiques.	3 Mathématiques.	17
M. Clasen.	2 Religion.	2 Religion.	(2) Religion.	2 Religion. 3 Histoire.	(2) Religion (3) Histoire	2 Religion. 3 Histoire.	2 Religion. 2 Histoire.	18
M. Gœdert.	8 Français.	5 Français.	(5) Français	3 Français.	(3) Français	3 Français.		19
M. Graf.	6 Allemand	3 Histoire et Géogr.	(3) Histoire et Géogr. 2 Tenue d. l.	3 Grec.	2 Tenue des livres.	4 Grec.		20
M. Mongenast.			1 Allemand	8 Latin.	1 Allemand	8 Latin.		18
M. Weis.		4 Allemand 8 Latin.	(4) Allem.	3 Allemand	(3) Alleman.	2 Allemand	2 Allemand	19
M. Weydert.	2 Géographie.			5 Sciences naturelles. 2 Dessin.	4.Grec. 2 sciences naturelles.			18
			3 Dessin pour toutes les classes.					
M. Bertrang.	5 Arithm. 2 Calligr.		1 Français. (2) Calligraphie.					8
M. Fischer.	2 Chant.	2 Chant.	(2) Chant.	(2) Chant.	(2) Chant.	(2) Chant.	(2) Chant.	4
M. Gutschki.		5 Gymnastique pour toutes les classes réunies.						5

* Les heures de leçons marquées entre parenthèses sont combinées avec celles de la même espèce de la classe gymnasiale.

Tableau hebdomadaire
des heures de leçons.

Heures.	*Lundi.*	*Mardi.*	*Mercredi.*	*Vendredi.*	*Samedi.*

CLASSE PRÉPARATOIRE.

Heures.	Lundi.	Mardi.	Mercredi.	Vendredi.	Samedi.
8—9	Religion.	Allemand.	Arithmétique.	Allemand.	Arithmétique.
9—10	Géographie.	Français.	Français.	Géographie.	Français.
10—11	Arithmétique.	Français.	Allemand.	Arithmétique.	Allemand.
11—12	Dessin.		Dessin.		Dessin.
2—3	Allemand.	Calligraphie.	Allemand.	Français.	Calligraphie.
3—4	Français.	Arithmétique.	Français.	Français.	Religion.

VI· CLASSE.

Heures.	Lundi.	Mardi.	Mercredi.	Vendredi.	Samedi.
8—9	Arithmétique.	Allemand.	Français.	Allemand.	Français.
9—10	Latin.	Latin.	Arithmétique.	Latin.	Religion.
10—11	Allemand.	Histoire.	Latin.	Français.	Latin.
11—12	Dessin.		Dessin.		Dessin.
2—3	Français.	Latin.	Allemand.	Latin.	Latin.
3—4	Religion.	Français.	Géographie.	Histoire.	Arithmétique.

V· CLASSE.

Heures.	Lundi.	Mardi.	Mercredi.	Vendredi.	Samedi.
8—9	Allemand.	Français.	Religion.	Français.	Histoire.
9—10	Latin.	Latin.	Grec.	Grec.	Mathématiques.
10—11	Religion.	Mathématiques.	Latin.	Latin.	Latin.
11—12	Dessin.		Dessin.		Dessin.
2—3	Latin.	Histoire.	Français.	Géographie.	Latin.
3—4	Mathématiques.	Grec.	Allemand.	Latin.	Allemand.

IV· CLASSE.

Heures.	Lundi.	Mardi.	Mercredi.	Vendredi.	Samedi.
8—9	Latin.	Latin.	Grec.	Latin.	Grec.
9—10	Religion.	Histoire.	Allemand.	Français.	Allemand.
10—11	Latin.	Latin.	Français.	Mathématiques.	Mathématiques.
11—12	Dessin.		Dessin.		Dessin.
2—3	Mathématiques.	Français.	Latin.	Grec.	Religion.
3—4	Grec.	Géographie.	Latin.	Histoire.	Latin.

Heures.	Lundi.	Mardi.	Mercredi.	Vendredi.	Samedi.

III. CLASSE.

Heures.	Lundi.	Mardi.	Mercredi.	Vendredi.	Samedi.
8—9	Latin.	Mathématiques.	Allemand.	Grec.	Français.
9—10	Latin.	Français.	Religion.	Latin.	Grec.
10—11	Grec.	Histoire.	Mathématiques.	Latin.	Histoire.
11—12	Dessin.		Dessin.		Dessin.
2—3	Religion.	Latin.	Grec.	Histoire natur.	Mathématiques.
3—4	Histoire natur.	Latin.	Latin.	Allemand.	Latin.

V. CLASSE INDUSTRIELLE.

Heures.	Lundi.	Mardi.	Mercredi.	Vendredi.	Samedi.
8—9	Arithmétique.	Allemand.	Français.	Allemand.	Français.
9—10	Français.	Arithmétique.	Arithmétique.	Allemand.	Religion.
10—11	Allemand.	Histoire.	Dessin.	Français.	Dessin.
11—12	Dessin.	Tenue d. livres.	Dessin.	Tenue d. livres.	Dessin.
2—3	Français.	Calligraphie.	Allemand.	Mathématiques.	Calligraphie.
3—4	Religion.	Français.	Géographie.	Histoire.	Arithmétique.

VI. CLASSE INDUSTRIELLE.

Heures.	Lundi.	Mardi.	Mercredi.	Vendredi.	Samedi.
8—9	Allemand.	Français.	Religion.	Français.	Histoire.
9—10	Mathématiques.	Tenue d. livres.	Allemand.	Mathématiques.	Mathématiques.
10—11	Religion.	Mathématiques.	Dessin.	Tenue d. livres.	Dessin.
11—12	Dessin.	Chimie élément.	Dessin.	Chimie élément.	Dessin.
2—3	Histoire natur.	Histoire.	Français.	Géographie.	Physique élément.
3—4	Mathématiques.	Français.	Allemand.	Histoire natur.	Allemand.

HEURES COMMUNES A TOUTES LES CLASSES.

1—2	Chant : le mardi, le mercredi, le vendredi et le samedi.
4—5	Gymnastique : chaque jour de classe.
5—7 du matin.	Silence : en été, chaque jour de classe.
5—7 du soir.	Silence : en été, chaque jour de classe, et en hiver, chaque jour de la semaine.

Programm der Curse.

Programme des Cours.

I.

Verbindliche Curse.

I.

Cours obligatoires.

A. Vorbereitungs-Klasse.

Hauptklassenlehrer: Hr. Graf.

Religion. — 3 Stunden wöchentlich.

a) Katechismus, 1 Stunde: 1.*) Gott, die Erschaffung; der Mensch, sein Fall und seine Erlösung; 3. der Erlöser, der h. Geist, die Kirche; 4. Von der Kirche (Fortsetzung); die Gemeinschaft der Heiligen.

b) Biblische Geschichte, 1 Stunde: 1. Leben Jesu bis zu seinem öffentlichen Auftreten; 2. seine Gleichnisse; 3. seine Wunder; 4. die Leidensgeschichte und der Tod Jesu.

Handbücher (manuels): Katechismus für das apostolische Vikariat; Wies, Biblische Geschichte des alten und neuen Testamentes, 3. Auflage.

Deutsche Sprache. — 6 Stunden.

a) Grammatik, 3 Stunden: 1. Eintheilung der Buchstaben, Silben und Wörter, Artikel, Declination der Substantive; 2. Adjectiv, Fürwort und Zahlwort, Conjugation der Verben; 3. Adverb, Präposition, Conjunction und Interjection; 4. einfacher Satz; Wiederholung der Formenlehre.

b) Übungen, 3 Stunden: Lese- und Diktirübungen, grammatische und logische Analyse; Erklärung und mündlicher Vortrag ausgewählter Lesestücke aus dem Lesebuche. — Zwei schriftliche Aufgaben wöchentlich.

Handbücher (manuels): Heyse's Leitfaden; deutsches Lesebuch von Herrn Stehres.

Französische Sprache. — 8 Stunden.

a) Grammatik, 4 Stunden: 1. Leselehre; Formenlehre: das Substantiv und der Artikel; 2. das Adjectiv und das Pronomen; 3. die Hülfszeitwörter und die regelmäßigen Zeitwörter; 2. die unveränderlichen Redetheile; der einfache Satz.

*) 1.; 2.; 3.; 4.; = { 1., 2., 3., 4. Quartal
{ 1er, 2e, 3e, 4e trimestre.

A. Classe préparatoire.

Le régent de classe : M. GRAF.

RELIGION. — 3 heures par semaine.

a) *Catéchisme*, 1 heure: 1. Dieu, la création ; 2 l'homme, sa chute et sa rédemption; 3. le Sauveur, le Saint-Esprit, l'Eglise; 4. l'Eglise (suite); la communion des saints.

b) *Histoire sainte*, 1 heure: 1. Vie de J. Chr. jusqu'au commencement de sa prédication; 2. les paraboles du sauveur; 3. les miracles opérés par lui; 4. histoire de la passion et de la mort de J. Chr.

M. Clasen.

LANGUE ALLEMANDE. — 6 heures.

a) *Grammaire*, 3 heures: 1. la division des lettres, des syllabes et des mots; l'orthographe, l'article, la déclinaison des substantifs; 2. notion et forme de l'adjectif, du pronom et du nom de nombre, la conjugaison du verbe; 3. l'adverbe, la préposition, la conjonction et l'interjection; 4. la proposition simple; répétition de la lexicologie.

b) *Exercices*, 4 heures: Exercices de lecture et d'orthographe, dictées, analyse grammaticale et logique, explication et récitation de morceaux choisis dans le livre de lecture. — Deux devoirs par semaine.

M. Graf.

LANGUE FRANÇAISE. — 8 heures.

Grammaire, 4. heures: 1. Traité des lettres; l'exicologie: le substantif et l'article; 2. l'adjectif et le pronom; 3. les verbes auxiliaires et les verbes réguliers ; 4. les mots invariables; la proposition simple.

— 34 —

b) Übungen, 4 Stunden : Lesen, Uebersetzen, Vorträ- gen und Diktiren. — Wöchentlich zwei schriftliche Aufgaben.

Handbücher (manuels): Grammaire élémentaire de Poitevin ; Uebungsbuch, Elementarbuch und Traité d'analyse logique par M. Stehres.

Arithmetik. — 5 Stunden.

1. Die Numeration; die vier Rechnungsarten; 2. Theil- barkeit der Zahlen; der größte gemeinschaftliche Theiler; 3. der kleinste Multipel; die gemeinen Brüche; 4. die Dezimal- brüche; das metrische Maß und Gewicht; allgemeine Wie- derholung; Anwendungen.

Handbuch (manuel): Arithmétique de

Geographie. — 2 Stunden.

1. Die unentbehrlichsten Begriffe der mathematischen, phy- sischen und politischen Geographie; 2. allgemeine Eintheilung der Erde und Europa's; 3. politische Geographie von Eu- ropa; 4. Fortsetzung von Europa.

Handbuch (manuel): Handbuch der Geographie von R. Grévig, 2. Theil.

Calligraphie. — 2 Stunden.

Haltung des Körpers und der Hand, Lage des Papiers, Schreiben und Haltung der Feder. Regeln und Uebungen der deutschen und französischen großen, mittlern und feinern Currentschrift. Grundzüge der Schrift, Verbindung der Buchstaben, symmetrischer Abstand der Buchstaben und Wörter. Lage der Schrift, verhältnißmäßige Schrifthöhe.

Nach den Schreibeheften von J. B. Scharff.

B. Section der Humaniora.

SEXTA.

Hauptklassenlehrer: Hr. Clasen.

Religion. — 2 Stunden.

a) Katechismus, 1 Stunde: 1. vom Gewissen; von der Tugend und den Geboten Gottes überhaupt; 2. aus- führliche Erklärung der zehn Gebote Gottes; 3. von den Geboten der Kirche überhaupt; 4. ausführliche Erklärung der Kirchengebote; von der Sünde; von der christlichen Vollkommenheit.

b) Biblische Geschichte, 1 Stunde: 1. Urgeschichte; die Zeit der Patriarchen; 2. Moses und die jüdische Ge- setzgebung; 3. die Zeit der Richter; 4. die Einführung des

---

b) *Exercices*, 4 heures : lecture, traduction et ré- citation ; dictées. — Deux devoirs par semaine.

M. Gædert.

ARITHMÉTIQUE. — 5 heures.

1. La numération, les quatre opérations; 2. divisi- bilité des nombres, le plus grand commun diviseur; 3. le moindre multiple, les fractions ordinaires; 4. les frac- tions décimales, le système métrique, répétition géné- rale, applications.

MM. Bodson, Michaëlis et Martha.

M. Bertrang.

GÉOGRAPHIE. — 2 heures.

1. Les notions les plus indispensables de la géogra- phie mathématique, physique et politique; 2. division générale du globe et de l'Europe ; 3. géographie politique de l'Europe; 4. suite de l'Europe.

M. Weydert.

CALLIGRAPHIE. — 2 heures.

Position du corps, de la main et du papier .Taille et tenue de la plume. Règles et exercices sur la grosse, la moyenne et la fine écriture cursive allemande et fran- çaise. Principes fondamentaux de l'écriture, liaison des lettres et des mots, couche de l'écriture, hauteur pro- portionelle des lettres.

M. Bertrang.

B. Section des humanités.

SEXTA.

Régent de classe : M. CLASEN.

RELIGION. — 2 heures.

a) *Catéchisme*, 1 heure: 1. de la conscience, de la vertu et des commandements de Dieu en général; 2. explication détaillée du décalogue; 3. des commande- ments de l'Eglise en général; 4. explication détaillée des commandements de l'église, du péché, de la perfec- tion chrétienne.

b) *Histoire sainte*, 1 heure: 1. histoire des temps primitifs, les patriarches; 2. Moïse et la législation mo- saïque; 3. histoire des juges; 4. établissement de la royauté

Königthums unter den Israeliten bis zur Theilung des Reiches.

parmi le peuple hébreux jusqu'au partage de la monarchie.

Handbücher (manuels): Katechismus für das apostolische Vikariat; Biblische Geschichte von Wies.

M. Clasen.

Deutsche Sprache. — 4 Stunden.

a) Grammatik, 1 Stunde: 1. der Artikel und das Hauptwort; 2. das Eigenschaftswort und das Fürwort; 3. das Zeitwort; 4. Wiederholung.

b) Uebungen, 3 Stunden: Lesen, Erklären und Deklamiren ausgewählter Stücke. — Zwei schriftliche Aufgaben wöchentlich.

Handbuch (manuel): Heyse's Leitfaden.

LANGUE ALLEMANDE. — 4 heures.

a) *Grammaire*, 1 heure: 1. l'article et le substantif; 2. l'adjectif et le pronom; 3. le verbe; 4. répétition.

b) *Exercices*, 3 heures: lecture, explication et déclamation de morceaux choisis. — Deux devoirs par semaine.

Handbuch (manuel): Deutsches Lesebuch für die untern und höheren Lehranstalten von Heinrich Viehoff.

M. Weis.

Französische Sprache. — 6 Stunden.

a) Grammatik, 2 Stunden: 1. Wiederholung der regelmäßigen Formenlehre; 2. u. 3. die unregelmäßige Formenlehre; 4. Nebenordnung und Zusammenziehung der Sätze; Wiederholung.

b) Uebungen, 3 Stunden: Lesen, Uebersetzen, Vortragen und Diktiren. — Wöchentlich zwei schriftliche Aufgaben.

LANGUE FRANÇAISE. — 6 heures.

a) *Grammaire*, 2 heures: 1. répétition de la lexicologie régulière; 2. et 3. l'exicologie irrégulière; 4. propositions coordonnées et contractes; révision générale.

b) *Exercices*, 3 heures: lecture, traduction récitation, dictées. — Deux devoirs par semaine.

Handbücher (manuels): Grammaire élémentaire de Poitevin; Uebungsbuch und traité d'analyse logique von Hrn. Stehres; Lesebuch für die untern und mittlern Klassen von Dr. L. Georg.

M. Goedert.

Lateinische Sprache. — 8 Stunden.

a) Grammatik, 2 Stunden: 1. Das Substantiv; 2. das Adjectiv, das Zahlwort und das Pronomen; 3. das Verb; 4. Wiederholung.

b) Uebungen, 6 Stunden: Mündliche und schriftliche Uebersetzungen. Zwei schriftliche Aufgaben wöchentlich.

LANGUE LATINE. — 8 heures.

a) *Grammaire*, 2 heures: 1. le substantif; 2. l'adjectif, le nom de nombre et le pronom; 3. le verbe; 4. répétition.

b) *Exercices*, 6 heures: traductions orales et par écrit. — Deux devoirs par semaine.

Handbuch (manuel): Kleine lateinische Sprachlehre und Uebungsbuch zu derselben, v. Dr. Ferdinand Schulz (Paderborn 1860).

M. Weis.

Arithmetik. — 3 Stunden.

1. Die vier Grundregeln mit Beweisen, Theilbarkeit der Zahlen; 2. Primzahlen, der größte gemeinschaftliche Theiler, Zerlegen der Zahlen in ihre Primfaktoren. Der kleinste gemeinschaftliche Multipel, die gemeinen Brüche, Anwendungen; 3. die Dezimalbrüche und das metrische System, Anwendungen; 4. Wiederholung der Arithmetik, zahlreiche Anwendungen. — Wöchentlich eine schriftliche Arbeit.

ARITHMÉTIQUE. — 3 heures.

1 Les quatres opérations raisonnées, divisibilité des nombres; 2. nombre premier, le plus grand commun diviseur, décomposition d'un nombre en facteurs premiers, le plus petit multiple de plusieurs nombres, fractions ordinaires, applications; 3. fractions décimales et système métrique, applications; 4. répétition de l'arithmétique raisonnée, nombreuses applications. — Un devoir par semaine.

Handbuch (manuel): Arithmétique élémentaire par Bodson, Michaëlis et Martha.

M. Bier.

Geschichte und Geographie. — 4 Stunden.

a) Geschichte, 2 Stunden: Die Hauptbegebenheiten aus der Geschichte: 1. der orientalischen Völker; 2. der Griechen; 3. der Römer; 4. Fortsetzung, Wiederholung.

b) Geographie, 1 Stunde: 1. Wiederholung von Europa; 2. Asien; 3. Fortsetzung; 4 Wiederholung.

Handbücher (manuels): Welter, Lehrbuch der Weltgeschichte, 1. Theil: Die alte Geschichte letzte Ausgabe; Ch.. Arendt's Leitfaden, 5. Auflage.

HISTOIRE ET GÉOGRAPHIE. — 8 heures.

a) Histoire. Les principaux évènements de l'histoire 1. des peuples orientaux; 2. des Grecs; 3. des Romains; 4. suite, répétition.

b) Géographie. 1. Répétition de l'Europe; 2. l'Asie, 3. suite; 4. répétition.

M. Graf.

QUINTA.

Hauptklassenlehrer: Hr. Weis.

Religion. — 2 Stunden.

a) Katechismus, 1 Stunde: 1. Von der Gnade und dem Gebete; 2. von den Sacramenten überhaupt, ausführliche Darstellung der vier ersten Sakramente; 3. ausführliche Darstellung der drei andern Sakramenten; 4. von den kirchlichen Segnungen und den letzten Dingen des Menschen.

b) Biblische Geschichte, 1 Stunde: 1. Von der Theilung des israelitischen Reiches bis zur babylonischen Gefangenschaft; 2. Fortsetzung; 3. von der babylonischen Gefangenschaft bis auf Christus; 4. Wiederholung des alten Testamentes.

Handbuch (manuel): Katechismus für das apostolische Bikariat; Bibische Geschichte von Wies.

Deutsche Sprache. — 3 Stunden.

a) Grammatik, 1 Stunde: 1. Das Adverb, die Präposition, die Conjunction und die Interjection; 2. die erste Abtheilung der Satzlehre; 3. zweite Abtheilung der Satzlehre, erster Abschnitt; 4. Wiederholung.

b) Uebungen, 2 Stunden: Lesen, Erklären und Deklamiren ausgewählter Stücke. — Eine schriftliche Aufgabe wöchentlich.

Handbuch (manuel): Laben und Nacke, 4. Theil.

Französische Sprache. 3 Stunden.

a) Grammatik, 2 Stunden: Syntax: 1. Das Substantiv; 2. der Artikel und das Eigenschaftswort; 3. die Bestimmungswörter und die persönlichen Fürwörter; 4. die üb-

QUINTE.

Régent de classe: M. WEIS.

RELIGION. — 2 heures.

a) Catéchisme, 1 heure: 1. De la grace et de la prière; 2. des sacrements en général, enseignement détaillé de la doctrine de l'église sur les quatre premiers sacrements; 3. les trois autres sacrements; 4. des bénédictions de l'église; des fins derniers de l'homme.

b) Histoire sainte, 1 heure: 1. Depuis le partage de la monarchie jusqu'à la captivité de Babylone; 2. suite; 3. depuis la captivité de Babylone jusqu'à Jésus-Christ; 4. répétition de l'histoire de l'ancien testament.

M. Clasen.

LANGUE ALLEMANDE. 3 heures.

a) Grammaire, 1 heure : 1. de l'adverbe, de la préposition, de la conjonction et de l'interjection; 2. la première partie de la syntaxe; 3. premier chapitre de la deuxième partie de la syntaxe; 4. répétition.

b) Exercices, 2 heures: Lecture, explication et déclamation de morceaux choisis. — Un devoir écrit par semaine.

M. Weis.

LANGUE FRANÇAISE. — 3 heures.

a) Grammaire, 2 heures: Syntaxe: 1. le substantif 2. l'article et les adjectifs qualificatifs; 3. les adjectifs déterminatifs et les pronoms personnels; 4. les autres

rigen Fürwörter, Unterordnung der Sätze, Wiederholung. Uebungen, 1 Stunde: Erklärung und Vortrag ausgewählter Stücke. — Wöchentlich zwei schriftliche Aufgaben.

Handbücher (manuels): Grammaire complète de Poitevin, traité d'analyse logique par M. Stehres, und Lesebuch für die untern und mittleren Klassen von Dr. L. Georg.

pronoms, les propositions surbordonnées, révision générale.

b) *Exercices*, 1 heure : explication et récitation de morceaux choisis. — Un devoir par semaine.

M. Gædert.

Lateinische Sprache. — 8 Stunden.

Grammatik, 4 Stunden: 1. Wiederholung der regelmäßigen Formen, die unregelmäßigen Formen; 2. die Wortbildung, die Adverbien, die Präpositionen und Conjunctionen; 3. die Syntax bis zum Gebrauche der Tempora ausschließlich, ohne die Anmerkungen; 4. Wiederholung. — Wöchentlich zwei schriftliche Aufgaben.

Handbücher (manuels): Siberti's Elementargrammatik der Gymnasien; Epitome rerum Graecarum von Em. Lefranc.

LANGUE LATINE. — 8 heures.

a) *Grammaire*, 4 heures : 1. Répétition des formes régulières, les formes irrégulières ; 2. l'étymologie des mots, les adverbes, les prépositions, les conjonctions ; 3. la syntaxe jusqu'à l'emploi des temps exclusivement, les remarques non comprises ; 4. répétition. — Deux devoirs écrits par semaine.

Dr. F. Schultz, Uebungsbuch für die untern Klassen

M. Mongenast.

Griechische Sprache. — 3 Stunden.

1. Vorkenntnisse und Substantiv; 2. das Adjectiv, Fürwort, Zahlwort und Adverb; 6. das Verbum purum; 4. das contrahirte Verbum, Wiederholung der Formen der Nomina und der Verba.

Uebersetzung der in der Grammatik eingereihten Aufgaben. Die über den Aufgaben sich befindlichen Wörter werden auswendig gelernt. — Eine schriftliche Aufgabe wöchentlich.

Handbuch (manuel): Elementargrammatik der griechischen Sprache von Dr. Raph. Kühner, 20. Auflage.

LANGUE GRECQUE. — 3 heures.

1. Notions préliminaires et le substantif; 2. l'adjectif, le pronom, le nom de nombre et l'adverbe; 3. verba pura; 4. le verbe contracté et répétition des formes des noms et des verbes.

Traduction des exercices insérés dans la grammaire. Les mots qui se trouvent au-dessus des exercices sont appris par cœur. — Un devoir par semaine.

M. Graf.

Mathematik. — 3 Stunden.

a) Algebra: 1. Einleitung, Addition und Subtraction; 2. Multiplikation und Division; 3. Zerlegen in Faktoren, algebraische Brüche; 4. einfache Gleichungen.

b) Geometrie: 1. Einleitung, von den Winkeln und den perpendikulären Linien; 2. von den Parallelen; 3. Dreiecke und Vierecke; 4. Vierecke und merkwürdige Punkte im Dreiecke, Uebungen. — Wöchentlich eine schriftliche Arbeit.

Handbücher (manuels): Eléments d'algèbre par Bodson, Michaëlis und Martha; Eléments de Géométrie par les mêmes.

MATHÉMATIQUES. — 3 heures.

a) *Algèbre* : 1. Introduction, addition et soustraction; 2. multiplication et division; 3. décomposition en facteurs, fractions algébriques; 4. équations du premier degré.

b) *Géométrie* : 1. Introduction, angles et perpendiculaires; 2. parallèles; 3. triangles et quadrilatères; 4. polygones et points remarquables du triangle, exercices. — Un devoir par semaine.

M. Biver.

Geschichte und Geographie. — 3 Stunden.

a) Geschichte, 2 Stunden: Die Hauptthatsachen der

HISTOIRE ET GÉOGRAPHIE. — 3 heures.

a) *Histoire*, 2 heures : les principaux événements

Geschichte des Mittelalters: 1. Von der Völkerwanderung bis zu Karl dem Großen; 2. von Karl dem Großen bis zu den Kreuzzügen; 3. die Kreuzzüge; 4. von Rudolph von Habsburg bis zur Reformation.

de l'histoire du moyen-âge : 1. la migration des peuples jusqu'à Charlemagne ; 2. depuis Charlemagne jusqu'aux croisades ; 3. les croisades ; 4. depuis Rodolphe de Habsbourg jusqu'à la réformation.

Handbuch (manuel): Welter Th. B., Lehrbuch der Weltgeschichte, 2. Theil: die Geschichte des Mittelalters. Letzte Ausg.

b) Geographie, 1 Stunde: 1. Afrika; 2. Amerika; 3. Australien; 4. Wiederholung.

b) Géographie, 1 heure: 1. L'Afrique; 2. l'Amérique; 3. la Polynésie: 4. répétition.

Handbuch (manuel): Ch. Arendt's Leitfaden, 5. Ausgabe.

M. Clasen.

QUARTA. — QUATRIÈME.

Hauptklassenlehrer: Hr. Mongenast.

Régent de classe: M. MONGENAST.

Religion. — 2 Stunden.

a) Katechismus, 1 Stunde: Wiederholung des Katechismus: 1. die 20 ersten Kapitel; 2. die Kapitel 20—40; 3. die 16 folgenden Kapitel; 4. die 16 letzten Kapitel.

b) Der katholische Kultus nach dem Handbuche von Terflau, 1 Stunde: 1. Einleitung, von dem Kultus und den Kultusformen überhaupt, die gottesdienstlichen Personen und ihre Verrichtungen; 2. die gottesdienstlichen Orte und Gebäude und ihre Einrichtung, die kirchliche Kleidung, die kirchlichen Geräthe, die Ceremonien des h. Meßopfers; 3. die Ceremonien der h. Sakramente; 4. die Ceremonien der Einweihung von Kirchen, Altären, u. s. w.

RELIGION. — 2 heures.

a) *Catéchisme*, 1 heure : répétition du catéchisme: 1. les vingt premiers chapitres ; 2. les chapitres 20—40; 3. les 16 suivants ; 4. les 16 derniers chapitres.

b) *Le culte catholique*, d'après le manuel de Terklau, 1 heure: 1. introduction, du culte et des formes du culte en général, les personnes consacrées au culte et leurs fonctions ; 2. les lieux et les édifices consacrés au culte et leur disposition essentielle, les ornements sacerdotaux, les ustensiles servant au culte, les cérémonies du sacrifice de la messe; 3. la liturgie des saints sacrements ; 4. les cérémonies de la consécration des églises, des autels, etc.

M. Clasen.

Deutsche Sprache. — 2 Stunden.

a) Grammatik, 1 Stunde: 1. zweite Abtheilung der Satzlehre, erster und zweiter Abschnitt; 2. dritter Abschnitt bis zum Satzgefüge; 3. das Satzgefüge und vierter Abschnitt; 4. Wiederholung.

b) Uebungen, 1 Stunde: Lesen Erklären und Deklaniren ausgewählter Stücke. — Wöchentlich eine schriftliche Aufgabe.

LANGUE ALLEMANDE. — 2 heures.

a) *Grammaire*, 1 heure : 1. deuxième partie de la syntaxe, chapitre I et II; 2. chapitre III jusqu'à la proposition subordonnée ; 3. la proposition subordonnée et chapitre IV; 4. répétition.

b) *Exercices*, 1 heure : lecture, explication et déclamation de morceaux choisis. — Un devoir par semaine.

Handbuch (manuel): Lüben und Nacke, 1. Theil.

M. Weis.

Französische Sprache. — 3 Stunden.

Grammatik, 2 Stunden: Syntax des Zeitwortes: 1. das Subject, die Ergänzung; 2. Gebrauch der Hülfszeitwörter; 3. Gebrauch der Redeweisen und der Zeiten; 4 Wiederholung, allgemeine Uebersicht der verschiedenen Satzarten.

LANGUE FRANÇAISE. — 3 heures.

a) *Grammaire*, 2 heures : syntaxe du verbe: 1. le sujet, le complément; 2. l'emploi des auxiliaires; 3. les modes et les temps ; 4. révision générale, les différentes espèces de propositions.

b) Uebungen, 1 Stunde: Erklärung und Vortrag ausgewählter Stücke. — Wöchentlich eine schriftliche Aufgabe.

b) *Exercices*, 1 heure: explication et récitation de morceaux choisis. — Un devoir par semaine.

Handbücher (manuels): Grammaire complète de Poitevin; Traité d'analyse logique par M. Stehres und Lesebuch für die unteren und mittleren Klassen von Dr. L. Georg.

M. Gædert.

Lateinische Sprache. — 8 Stunden.

a) Grammatik, 4 Stunden: 1. Wiederholung der Regeln von der Congruenz und der Casuslehre mit den Anmerkungen, Fortsetzung der Syntax bis zu dem Infinitivus; 2. vom Gebrauche des Infinitivus bis zu den Participien; 3. das Participium, das Gerundium, das Supinum; 4. Wiederholung. — Wöchentlich zwei schriftliche Aufgaben.

LANGUE LATINE. — 8 heures.

a) *Grammaire*, 3 heures: 1. Répétition des règles de concordance et de complément, y compris les remarques, continuation de la syntaxe jusqu'à l'infinitif, 2. emploi de l'infinitif jusqu'aux participes; 3. le participe, le gérondif et le supin, les remarques non comprises; 4. répétition. — Deux devoirs par semaine.

Handbücher (manuels): Siberti's Elementargrammatik; Spieß, Uebungsbuch für Quarta; Fritzsche, deutsche Texte zum Uebersetzen in das Lateinische für Reposleser; Autoren: Cornelius nepos; Cæsar de bello gallico (edidit Koch, Lipsiæ).

M. Mongenast.

Griechische Sprache. — 4 Stunden.

1. Wiederholung des in Quinta abgehandelten Stoffes, die Verba muta und liquida; 2. die unregelmäßigen Verben und die Verben auf mi (1. Hälfte); 3. die Verben auf mi (2. Hälfte); 4. die ersten Regeln der Syntax, Wiederholung.

Uebersetzung der darauf bezüglichen Aufgaben in der Grammatik; die über den Aufgaben sich befindlichen Wörter werden auswendig gelernt, Uebersetzung der Aesopischen Fabeln, Anecdoten, so wie der mythologischen Notizen und Erzählungen in Jakobs. — Wöchentlich eine schriftliche Aufgabe.

LANGUE GRECQUE — 4 heures.

1. Révision de la matière traitée en cinquième, suite des verbes réguliers; 2. les verbes irréguliers et les verbes en *mi* (1ère moitié): 3. suite des verbes en *mi* (2e moitié); 4. les premières règles de la syntaxe, répétition.

Traduction des exercices insérés dans la grammaire; les mots qui se trouvent au-dessus des exercices sont appris par coeur, traduction des fables d'Esope, des anecdotes, ainsi que des notices et des narrations mythologiques dans le livre de lecture. — Un devoir par semaine.

Handbücher (manuels): Elementargrammatik der griechischen Sprache von Dr. Raphael Kühner; Elementarbuch (Lesebuch) von J. Jakobs, 10. Auflage.

M. Graf.

Mathematik. — 3 Stunden.

a) Algebra: 1. Wiederholung der Grundregeln; 2. algebrische Brüche; 3. einfache Gleichungen; 4. Quadratwurzel und Kubikwurzel einer Zahl.

b) Geometrie: 1. Wiederholung des ersten Buches; 2. zweites Buch: Lehrsätze; 3. zweites Buch: Aufgaben; 4. Anfang des dritten Buches. — Wöchentlich eine schriftliche Aufgabe.

MATHÉMATIQUES. — 3 heures.

a) *Algèbre*: 1. Répétition des quatre règles: 2. fractions algébriques; 3. équations du premier degré; 4. racines carrées et racines cubiques des nombres.

b) *Géométrie*: 1. Répétition du premier livre; 2. deuxième livre, théorèmes; 3. deuxième livre, problèmes; 4. commencement du troisième livre. — Un devoir par semaine.

Handbücher (manuels): Eléments d'algèbre par Bodson, Michaëlis et Martha; Eléments de géométrie par les mêmes.

M. Birer.

Geschichte und Geographie. — 3 Stunden.

a) Geschichte, 2 Stunden: Die Haupttatsachen der Geschichte der neuen Zeit: 1. Von der Entdeckung Amerika's bis zur Reformation; 2. die Staaten Europa's bis zum westphälischen Frieden; die europäischen Staaten bis zur ersten französischen Umwälzung; 3. die französische Umwälzung bis zur Errichtung des französischen Kaiserreiches durch Napoleon I; 4. vom französischen Kaiserreiche bis zum Wiener Congreß.

b) Geographie, 1 Stunde: Mathematische Geographie, Wiederholung der politischen Geographie, vergleichende Erdbeschreibung.

Handbuch (manuel): Ch. Arendt's Leitfaden, 5. Ausgabe.

HISTOIRE ET GÉOGRAPHIE. — 3 heures.

a) Histoire, 2 heures : Les principaux événements de l'histoire moderne : 1. De la découverte de l'Amérique jusqu'à la réformation; 2. les états de l'Europe jusqu'au traité de Westphalie, les états de l'Europe jusqu'à la première révolution française ; 3. la révolution française jusqu'à l'établissement de l'empire par Napoléon I ; 4. de l'établissement de l'empire français jusqu'au congrès de Vienne.

b) Géographie mathématique détaillée, répétition de la géographie politique moderne, géographie comparée.

M. Clasen.

TERTIA.

Hauptklassenlehrer : Hr. Biver.

Religion. — 2 Stunden wöchentlich.

1. Einleitung in die Wissenschaft der Religionslehre ; 2. die Glaubenslehre, die kirchlichen Glaubensbekenntnisse, die Lehre von Gott ; 3. das Werk Gottes, die Schöpfung, von der Erhaltung und Regierung der Welt ; 4. die Lehre von der Erbsünde.

TROISIÈME.

Régent de classe : M. BIVER.

RELIGION. — 2 heures.

1. Introduction à la science de la religion ; 2. la dogmatique : les symboles de la foi, Dieu ; 3. l'œuvre de Dieu, la création, la providence ; 4. le péché originel.

Handbuch (manuel) : Die katholische Religion, von R. Wies, 1. Band.

M. Clasen.

Deutsche Sprache. — 2 Stunden.

Grammatik (Stylehre), 1 Stunde: 1. Erster Theil; 2. zweiter Theil; 3. dritter Theil; 4. Wiederholung.

b) Uebungen, 1 Stunde: Lesen, Erklären und Deklamiren ausgewählter Stücke. — Wöchentlich eine schriftliche Aufgabe.

LANGUE ALLEMANDE. — 2 heures.

a) Grammaire (théorie du style), 1 heure : 1. première partie ; 2. deuxième partie ; 3. troisième partie ; 4. répétition.

b) Exercices, 1 heure : lecture, explication et déclamation de morceaux choisis. — Un devoir par semaine.

Handbuch (manuel) : Götzinger.

M. Weis.

Französische Sprache. — 2 Stunden.

a) Grammatik, 1 Stunde: 1. Wiederholung der Syntax des Verbs ; 2. Syntax der unveränderlichen Redetheile; 3. Interpunction und syntaktische Figuren ; 4. allgemeine Wiederholung der Syntax und logische Analyse.

b) Uebersetzung und Erklärung ausgewählter Stücke in Prosa und in Versen. — Wöchentlich eine schriftliche Aufgabe.

LANGUE FRANÇAISE. — 2 heures.

Grammaire, 1 heure : Récapitulation de la syntaxe du verbe ; 2. syntaxe des parties invariables du discours ; 3. ponctuation et figures de syntaxe ; 4. révision générale de la syntaxe.

b) Traduction et explication de morceaux choisis en prose et en vers. — Un devoir par semaine.

Handbücher (manuels): Grammaire complète de Poitevin et Cours de littérature française par Ch. André ; Traité d'analyse logique par le professeur.

M. Stehres.

Lateinische Sprache. — 8 Stunden.

Grammatik, 3 Stunden: 1. Uebereinstimmung und Abhängigkeit der Satztheile; 2. Gebrauch der Zeiten und der persönlichen Redeweisen; 3. Gebrauch der unpersönlichen Redeweisen; 4. die Prosodie und Metrik, mit der Bildung des herametrischen und des pentametrischen Verses.

b) Autoren, 5 Stunden: 1. Buch V und VI von Cäsar's Memoiren über den gallischen Krieg; 2. Buch VII desselben Werkes und ausgewählte Fabeln aus Ovid's Verwandlungen; 3. und 4. Erzählungen aus Titus Livius und Virgils Eklogen. — Wöchentlich zwei schriftliche Aufgaben.

LANGUE LATINE. — 8 heures.

a) *Grammaire*, 3 heures: 1. Concordance et régime des mots; 2. emploi des temps et des modes personnels; 3. emploi des modes impersonnels; 4. la prosodie et la métrique, avec la formation du vers hexamètre et du vers pentamètre.

b) *Auteurs*, 5 heures: 1. livres V et VI des commentaires de César sur la guerre des Gaulois; 2. livre VII du même ouvrage et fables choisies des métamorphoses d'Ovide; 3. et 4. narrations de Tite-Live et éclogues de Virgile. Deux devoirs par semaine.

Handbücher (manuels): Lateinische Sprachlehre und Uebungen für die mittleren Klassen der Gymnasien, von Ferd. Schultz; Cæsar de Bello Gallico, von Koch (Leipzig); Titi Livii Patavini res memorabiles et narrationes selectæ, par Sommer (Paris); Eklogen Virgil's mit ausgewählten Stücken aus den Verwandlungen Ovid's, vom Professor.

M. Stehres.

Griechische Sprache. — 4 Stunden.

a) Grammatik: 1. Fortsetzung der Syntax bis § 160 nach Kühners Elementargrammatik; 2. §§ 160—170; 3. §§ 170—179 und der homerische Dialekt; 4. das übrige der Syntax.

b) Autoren: 1. und 2. Jakobs Attika: Auszüge aus Xenophon und Plutarch; 3. und 4. Homers Odyssee von Crusius, 2. Heft. — Wöchentlich eine schriftliche Aufgabe.

LANGUE GRECQUE. — 4 heures.

a) *Grammaire*: 1. suite de la syntaxe jusqu'au § 160; 2. §§ 160—170; 3. §§ 170—179 et le dialecte homérique; 4. le reste de la syntaxe d'après Kühner.

b) *Auteurs*: 1. et 2. les Attica de Jacobs, extrait de Xénophon et de Plutarque; 3. et 4. l'Odyssée d'Homère, édition de Crusius, 2. cahier. — Un devoir par semaine.

M. Weydert.

Mathematik. — 3 Stunden.

a) Algebra: 1. Rechnen mit Wurzelgrößen; 2. Quadratische Gleichungen mit einer Unbekannten; 3. Discussion der Formeln; 4. quadratische Gleichungen mit mehreren Unbekannten.

b) Geometrie: 1. Drittes Buch: Lehrsätze; 2. drittes Buch: Aufgaben; 3. Anfang des vierten Buches; 4. Ende des vierten Buches. — Wöchentlich eine schriftliche Arbeit.

MATHÉMATIQUES. — 3 heures.

a) *Algèbre*: 1. Calcul des radicaux; 2. équations du second degré à une inconnue; 3. discussion des équations du second degré; 4. équations du second degré à plusieurs inconnues.

b) *Géométrie*: 1. troisième livre: théorèmes; 2. troisième livre: problèmes; 3. commencement du quatrième livre; 4. fin du quatrième livre. Un devoir par semaine.

M. Biver.

Handbücher (manuels): Eléments d'algèbre par Bodson, Michaëlis et Martha; Eléments de géométrie par les mêmes.

Geschichte und Geographie. — 2 Stunden.

Geschichte der Griechen und Römer: 1. Griechenland bis zur macedonischen Herrschaft; 2. das Reich Alexanders b. Gr. und die aus demselben entstandenen Staa-

HISTOIRE ET GÉOGRAPHIE. — 2 heures.

Histoire des Grecs et des Romains: 1. la Grèce jusqu'à la domination macédonienne; 2. l'empire d'Alexandre le Grand et histoire des états qui se sont formés de la dissolution de cette monarchie; 3. depuis la

ten; 3. Rom's Gründung bis zum 1. Triumvirat; 4. vom ersten Triumvirat bis zum Untergang des weström. Reiches. Handbuch (manual): Püz, Grundriß der Geographie und Geschichte für die obern Klassen, 1. Band: das Alterthum, 9. Auflage.

la fondation de Rome jusqu'au 1er triumvirat ; 4. du 1er triumvirat jusqu'à la chute de l'empire d'Occident. Handbuch (manuel) : Püz, Grundriß der Geographie und Geschichte für die obern Klassen, 1. Band: das Alterthum, 9. Auflage.

M. Clasen.

Naturgeschichte. — 2 Stunden.

a) Zoologie: 1. Ernährungsorgane und deren Verrichtungen; 2. Beschreibung der nützlichsten Thiere. b) Botanik: 3. Ernährungs- und Fortpflanzungsorgane; 4. Beschreibung der nützlichsten Gewächse. Handbuch (manuel): Premières notions d'histoire naturelle par Félix Clément.

HISTOIRE NATURELLE — 2 heures.

a) *Zoologie :* 1. Organes et fonctions de nutrition ; 2. étude des animaux les plus utiles. b) *Botanique :* 3. Fonctions de nutrition et de reproduction ; 4. étude des végétaux les plus utiles.

M. Weydert.

C. Section der Gewerbe-Curse.

V. Classe.

Hauptklassenlehrer: Hr. Göbert.

Die Zöglinge dieser Abtheilung besuchen alle Curse der Sexta von der Section der Humaniora, mit Ausnahme der lateinischen Sprache, an deren Stelle folgende specielle Lehrzweige treten:

Deutscher Special-Cursus für die französischen Schüler. — 3 Stunden.

Leseübungen, grammatische Regeln; mündliche und schriftliche Uebersetzungen; Auswendiglernen einzelner Wörter und Sätze, so wie ganzer Lesestücke. Handbuch (manuel): Nouvelle méthode pratique et facile pour apprendre la langue allemande par Ahn, premier et second cours.

C. Section des cours industriels.

Ve Classe.

Régent de classe : M. GOEDERT.

Les élèves de cette division suivent tous les cours de la classe de sixième de la section des humanités, à l'exception de la langue latine qui est remplacée par les branches spéciales ci-après :

COURS SPÉCIAL DE LANGUE ALLEMANDE pour les élèves français. — 8 heures.

Exercices de lecture, règles de grammaire, traductions orales et par écrit, récitation par coeur de mots et de phrases, ainsi que de morceaux entiers.

M. Stehres.

Deutsche Sprache. — 1 Stunde.

1. Orthographie; 2. Umänderungen von Lesestücken; 3. schriftliches und mündliches Nacherzählen vorhergelesener und erklärter Stücke; 4. verschiedene Nachahmungen. Handbücher (manuels): Heyse's Leitfaden ; Lesebuch von Lüben und Nacke, 4. Theil.

LANGUE ALLEMANDE. — 1 heure.

1. Orthographe; 2. transformation de morceaux choisis ; 3. reproduction de morceaux qui ont été lus spécialement et expliqués en classe; 4. différentes imitations.

M. Mongenast.

Französische Sprache. — 1 Stunde.

1. u. 2. Orthographische und grammatische Uebungen; 3. u. 4. Uebersetzen und Umbilden mehrerer Stücke aus dem Lesebuche. — Wöchentlich eine schriftliche Aufgabe. Handbücher (manuels): Exercices de Noël et Chapsal ; Lesebuch für die untern und mittlern Classen von Dr. Georg.

LANGUE FRANÇAISE. — 1 heure.

1. et 2. Exercices d'orthographe et de grammaire; 3. et 4. traduction et transformation de plusieurs morceaux du livre de lecture. — Un devoir par semaine.

M. Bertrang.

Arithmetik. — 2 Stunden.

1. Dezimalzahlen und metrisches System, zahlreiche Anwendungen; 2. Regeldetri, Gesellschaftsregel, Durchschnittsrechnung; 3. Zinsrechnung, Disconto, Tara; 4. mittlere Verfallzeit, Commission etc. Gewinn und Verlust nach Procenten, Mischungsregel. — Wöchentlich eine schriftliche Arbeit.

Handbuch (manuel): Arithmétique élémentaire, par Bodson, Michaëlis et Martha.

Buchhaltung. — 2 Stunden.

1. Allgemeine Vorbegriffe über die Buchhaltung; Erklärung der im Handel üblichsten Ausdrücke, Handelsakte, Fakturen, Frachtbriefe, Quittungen; 2. Handelspapiere und ihre Form, Wechselbrief, eigener Wechsel, Anweisung, gesetzliche Verordnungen hierüber, Redaction der gewöhnlichsten Comptoirarbeiten, kaufmännische Arithmetik; 3. einfache Buchhaltung, Form und Einrichtung der verschiedenen Bücher in der einfachen Buchhaltung, Saldo's der Conto's im Hauptbuche, Art und Weise das Inventarium aufzustellen; 4. Buchung einer Anzahl von Posten nach der einfachen Buchhaltung, Wiederholung. — Wöchentlich eine schriftliche Aufgabe.

Handbuch (manuel): Nouveau traité de la tenue des livres à partie simple et à partie double. Tournay, 1859.

Zeichnen. — Specialcursus für die Industrie-Schüler. — 2 Stunden.

1. Geometrische Körper; 2. Architektur; 3. Feldmessung; 4. geometrische Projektionen und Linearperspective.

Calligraphie. — 2 Stunden.

Fortsetzung der in der Vorbereitungsklasse gegebenen Regeln und Uebungen.

Vorlegeblätter (modèles d'écriture) von Scheib.

IV. Classe.

Hauptklassenlehrer: Hr. Weydert.

Die Zöglinge dieser Abtheilung besuchen alle Curse der Quinta von der Section der Humaniora, mit Ausnahme der alten Sprachen, an deren Stelle folgende specielle Lehrzweige treten:

Deutsche Sprache. — 1 Stunde.

1. Allgemeine Stylregeln; 2. Erzählungen; 3. Be-

ARITHMÉTIQUE. — 2 heures.

1. Nombres décimaux et système métrique, nombreuses applications; 2. règles de trois, de société et des moyennes arithmétiques; 3. questions d'intérêt, d'escompte et de tare; 4. réduction à l'échéance moyenne, droits de commission etc., profit et perte p. 100, mélanges et alliages. — Un devoir par semaine.

M. Biver.

TENUE DES LIVRES. — 2 heures.

1. Notions générales sur la tenue des livres, explication des termes les plus usités dans le commerce, actes de commerce, factures, lettres de voiture, quittances; 2. effets de commerce et leur forme, lettres de change, billet à ordre, mandat commercial, dispositions légales relatives à ces effets, rédactions des actes de commerce; 3. la tenue des livres à partie simple; forme et disposition des différents livres employés dans la partie simple, solde des comptes au grand-livre, manière de dresser l'inventaire; 4. rédaction et inscription d'une série d'articles au journal et report au grand-livre, répétition. — Un devoir par semaine.

M. Graf.

DESSIN. Cours spécial pour les élèves industriels. — 2 heures.

1. Corps géométriques; 2. architecture; 3. arpentage; 4. projections géométriques et perspective linéaire.

CALLIGRAPHIE. — 2 heures.

Continuation des règles et des exercices donnés dans la classe préparatoire.

M. Bertrang.

IV. Classe.

Régent de classe M. WEYDERT.

Les élèves de cette division suivent tous les cours de la classe de cinquième de la section des humanités, à l'exception des langues anciennes, qui sont remplacées par les branches spéciales ci-après:

LANGUE ALLEMANDE. — 1 heure.

1. Règles générales de style et de composition; 2.

schreibungen ; 4. freundschaftliche Briefe, Erklärung von Le= sestücken aus dem Lesebuch von Lüben und Nacke, 4. Theil.

Französische Sprache. 1 Stunde.

Grammatische Uebungen: Uebersetzen und Um= setzen mehrer Stücke aus dem Lesebuch, Diktate und Aufsatz= übungen. — Wöchentlich eine schriftliche Arbeit.

Handbücher (manuels): Exercices de Noël et Chapsal; Lesebuch für die untern und mittlern Classen, von Dr. L. Georg.

M. Biver.

Mathematik. — 2 Stunden.

a) Algebra: 1. Einleitung, die vier Grundregeln; 2. Zerlegen in Faktoren, Brüche; 3. Lösung der einfachen Gleichungen mit einer Unbekannten; Aufgaben; 4. Lösung der einfachen Gleichungen mit mehreren Unbekannten, Auf= gaben, Ausheben der Quadratwurzel und der Kubikwurzel einer Zahl.

b) Geometrie: 1. Einleitung, von den Winkeln, von den perpendikulären Linien und den Parallelen ; 2. Dreiecke, Vierecke, Vielecke und merkwürdige Punkte im Dreiecke, 3. zweites Buch, Lehrsätze ; 4. zweites Buch, Aufgaben. — Wöchentlich eine schriftliche Arbeit.

Handbücher (manuels): Eléments d'algèbre par Bodson, Michaëlis et Martha ; Eléments de géométrie par les mêmes.

M. Biver.

Naturwissenschaften. — 5 Stunden.

a) Naturgeschichte, 2 Stunden: 1. Die Verdau= ung; 2. der Blutlauf und das Athmen; 3. die Sinnorgane; 4. die nützlichsten Thiere und Pflanzen.

Handbuch (manuel): von Clément.

b) Physik, 1 Stunde: Erklärung der gewöhnlichsten Erscheinungen: 1. der Schwere; 2. des Schalles; 3. der Wärme ; 4. des Lichtes und der Elektricität.

Handbuch (manuel): Boutet de Monvel, notions de physique.

c) Chemie, 2 Stunden: Elementarkenntnisse der Ei= genschaften, Zerlegung, Bereitung und Anwendung der ge= bräuchlichsten einfachen und zusammengesetzten Körper: 1. Metalloïde; 2. Säueren ; 3. Metalle ; 4. Oxiden und Salze.

Handbuch (manuel): Pelouze et Frémy, abrégé de chimie.

Buchhaltung. — 2 Stunden.

1. Doppelte Buchhaltung, die fünf Hauptcontos; Un=

narrations; 3. descriptions; 4. correspondance familière, explication de morceaux choisis dans le livre de lecture de Lüben et Nacke, 4. partie.

M. Mongenast.

LANGUE FRANÇAISE. — 1 heure.

Exercices de grammaire, traduction et transforma- tion de plusieurs morceaux du livre de lecture, dic- tées et exercices de rédaction. — Un devoir par se- maine.

MATHÉMATIQUES. — 2 heures.

a) Algèbre : 1. Introduction, les quatre règles ; 2. décomposition en facteurs, fractions; 3. résolution des équations du premier degré à une inconnue, problèmes; 4. résolution des équations du premier degré à plu- sieurs inconnues, problèmes, extraction de la racine carrée et de la racine cubique des nombres.

b) Géométrie : 1. Introduction, angles, perpendicu- laires, parallèles; 2. triangles, quadrilataires, polygones, points remarquables du triangle ; 3. deuxième livre, théorèmes ; 4. deuxième livre, problèmes. — Un devoir par semaine.

M. Biver.

SCIENCES NATURELLES. — 5 heures.

a) Histoire naturelle, 2 heures : 1. la digestion: 2. la circulation et la respiration ; 3. les organes des sens; 4. les animaux et les plantes les plus utiles.

b) Physique, 1 heure : Explication des phénomènes les plus ordinaires: 1. de la pesanteur ; 2. du son ; 3. de la chaleur; 4. de la lumière et de l'électricité.

c) Chimie, 2 heures : Notions élémentaires sur les propriétés, l'analyse, la préparation et l'usage des corps simples et composés les plus usités; 1. les métalloïdes; 2. les acides ; 3. les métaux; 4. les oxides et les sels.

M. Weydert.

TENUE DES LIVRES. — 2 heures.

1. La tenue des livres à partie double, les cinq

lerabtheilung dieser Contos, Debet und Credit der Haupt- und Personencontos, Form und Einrichtung der Bücher der doppelten Buchhaltung, Angabe der Artikel des Handelsge- setzbuches, welche auf diese Bücher Bezug haben; 2. Buchung der Posten nach den Grundsätzen der doppelten Buchhaltung, die Bilanzen, Saldos der Contos im Hauptbuche, schrift- liche Geschäftsoperationen; 3. Participations-Contos, Han- delsgesellschaften, Abschluß der schriftlichen Geschäftsopera- tionen, 4. Contocorrent und Zinsenrechnung, Handelscorres- pondenz, Wiederholung. — Wöchentlich eine schriftliche Aufgabe.

comptes généraux, subdivision de ces comptes, principes concernant le débit et le crédit des comptes généraux et des comptes personnels, forme et disposition des livres employés dans la partie double, prescriptions de la loi relatives à ces livres; 2. rédactions des articles au jour- nal en partie double et report au grand-livre, des ba- lances, exercices par écrit d'opérations commerciales ; 3. comptes en participation, sociétés commerciales, clô- ture des opérations commerciales par écrit ; 4: méthodes pour tenir les comptes courants et d'intérêt, corres- pondance commerciale, répétition. — Un devoir écrit par semaine.

Handbuch (manuel): Nouveau traité de la tenue des livres à partie simple et à partie double, Tournay 1859.

M. Graf.

Zeichnen. — 3 Stunden.

Gemeinschaftlich mit der untern Abtheilung.

DESSIN. — 3 heures.

Cours combiné avec la division inférieure.

M. Weydert.

II.

Nicht verbindliche Curse.

Zeichnen. — 3 Stunden.

Verbindlich für alle Industrie-Schüler.

a) Geometrisches Zeichnen: Projektion, Architektur, Perspektive.

b) Ornamente: Köpfe, Blumen und Landschaften.

Gesang. — Untere Abtheilung. — 2 Stunden.

1. Halbjahr: Das Linien- und Notensystem, das Singen der Normaltonleiter, Erklärung des halben und ganzen To- nes, Intervallübungen; 2. Halbjahr: Dynamische Uebun- gen, Vokalisation, die sämmtlichen Dur- und Molltonlei- tern; die Verwandtschaft der Tonarten; Treffübungen in verschiedenen Tonarten.

Obere Abtheilung. — 2 Stunden.

1. Halbjahr: Wiederholung der Solfeggien, Einübung von Messen und andern Kirchengesängen, so wie auch von verschiedenen Jugendliedern; 2. Halbjahr: Fortsetzung der- selben Uebungen.

II.

Cours facultatifs.

DESSIN — 8 heures.

Obligatoire pour tous les élèves industriels.

a) Dessin géométrique: projection, architecture, perspective.

b) Dessin d'agréments: ornements, têtes, fleurs et paysages.

M. Weydert.

CHANT. — Division inférieure. — 3 heures.

1er semestre : Le système des lignes et des notes, la gamme normale, explication du demi-ton et du ton entier, les intervalles ; 2e semestre : Exercices dyna- miques, la vocalisation, les gammes majeures et les gammes mineures, les tons relatifs ; l'art de chanter juste les différents tons.

Division supérieure. — 2 heures.

1er semestre : Répétition du solfége, exercices de messes et d'autres chants d'église, ainsi que de diffé- rentes chansons à l'usage de la jeunesse ; 2e semestre: continuation des mêmes exercices.

Handbuch (manuel): Theoretisch-praktische Gesangschule, von J. A. Schulz.

M. Fischer.

Turnen. — 5 Stunden.

Silentium.

14 Stunden wöchentlich im Winterhalbjahr, und 20 Stunden im Sommerhalbjahr.

Anmerkung. Die Religion, das Deutsche, das Griechische und die Geschichte werden auf Deutsch, das Französische, die Mathematik, die Naturgeschichte, so wie alle Gewerb-Curse auf Französisch, und das Lateinische abwechselnd in beiden Sprachen gelehrt.

GYMNASTIQUE. — 5 heures.

M. Gutschké.

SILENCE.

14 heures par semaine pendant le semestre d'hiver et 20 heures par semaine pendant le semestre d'été.

M. Bertrang.

Remarque. On donnera en langue allemande les cours de religion, d'allemand, de grec, de géographie et d'histoire, et en français ceux de français, de mathématiques, d'histoire naturelle, ainsi que tous les cours industriels. Pour l'enseignement du latin, on se servira alternativement des deux langues.

Chronique de l'Établissement.

Décisions des autorités.

Les sommes suivantes ont été allouées au budget de l'Etat de 1861 dans l'intérêt du service intérieur du progymnase pour :

1° Instruments de chimie et de physique frs. 100
2° Réactifs de chimie et de physique 75
3° La bibliothèque 50
4° Instruments de mathématiques. 25
5° Modèles de dessin 25
6° Achats de cartes géographiques et historiques 30
7° Le cabinet d'histoire naturelle. 25
8° Prix . . . . , ... 300

Une somme de 150 frs. a été allouée au budget de l'Etat de 1860 pour subsides à des élèves indigents du progymnase.

Par arrêté de Monsieur le Ministre d'Etat, Président du Gouvernement, en date du 24 décembre, ces subsides ont été répartis entre 6 élèves.

Arrêté royal grand-ducal du 7 juin 1861, portant approbation d'un nouveau règlement pour les établissements d'enseignement supérieur et moyen de l'Etat.

Par arrêté de Monsieur le Ministre d'Etat, Président du Gouvernement, en date du 23 juillet, la commission des curateurs du progymnase a été chargée d'inspecter les diverses classes dudit établissement. Ces inspections ont eu lieu le 13, le 14 et le 16 août.

Personnel enseignant.

a) Par arrêté R. G. D. du 26 septembre 1860, le temps de service de Monsieur le professeur Biver compte à partir du 11 décembre 1837, et celui de Monsieur le professeur Mongenast à partir du 19 avril 1830.

b) Par arrêté R. G. D. du 24 octobre 1860, le traitement de Monsieur le professeur Weis a été augmenté de 200 frs., à partir du 1 novembre, et par arrêté R. G. D. du 12 février 1861, celui de Monsieur le professeur Clasen de la même somme, à partir du 1 février.

c) Par arrêté R. G. D. du 24 octobre 1860, le traitement de Monsieur Bertrang, répétiteur du progymnase a été porté à 1200 frs. par an.

d) Par arrêté R. G. D. du 16 avril 1861, le traitement annuel du personnel enseignant du progymnase, directeur, professeurs et répétiteur, a été augmenté provisoirement de 200 fr. chacun, à partir du 1 janvier 1861.

Alimentation des collections.

a) BIBLIOTHÈQUE : Outre les uovrages acquis sur les fonds alloués par le Gouvernement pour l'alimentation et l'entretien de la bibliothèque, celle-ci a reçu 98 volumes qui lui ont été généreusement offerts.

Noms des donateurs: Le Gouvernement, 3 volumes; la société agricole, 1 vol.; la société archéologique de Luxembourg, 1 vol.; MM. de Preuschen, major, 16 vol. Speller, lieutenant, 6 vol.; Demander Ch. greffier, 4 vol.; Wolff, vicaire, 30 vol.; Clasen. professeur, 1 vol.; Tourneur, lieutenant, 1 vol; Majeres, conducteur, 5 vol; Buck, libraire, 1 vol.; Stehres, directeur, 11 vol.; Klepper, vicaire, 10 vol.; Dr. Kleyr, 1 vol.; Welter, séminariste, 1 vol.; de Colnet, professeur à l'athénée, 1 vol.; Graf, professeur, 2 vol.; Gœdert, professeur, 1 vol.

b) CABINET D'ARCHÉOLOGIE ET D'HISTOIRE NATURELLE.

Noms des donateurs: Didier, notaire honoraire; Welter, séminariste; Glesener, industriel; Demander Ch., greffier; Lejeune, artiste vétérinaire à Arlon; Steichen, propriétaire; Conzemius, candidat en droit; Liger, procureur d'Etat; Sassel, Kohn, Richard, Jaas, étudiants du progymnase.

Nombre des élèves.

Le progymnase a été fréquenté cette année, par 102 élèves, dont 29 dans la classe préparatoire, 20 en VIe,

19 en V^e, 17 en IVe 8 en IIIe 7 dans la division inférieure de la section industrielle, et 2 dans la division supérieure. De ces 102 élèves, 97 sont originaires du Grand-Duché, dont 30 de la ville de Diekirch; 5 sont étrangers, dont 2 Français, 1 Belge et 2 Prussiens.

Noms des élèves qui ont quitté l'établissement.

a) A la fin de l'année scolaire 1859—1860 : de la IIIe classe : Gœdert, Pierre, de Nomern ; Herr, Gustave-Adolphe, d'Ettelbruck; Jaaques, François d'Arsdorff ; Kellen, Edouard, de Longsdorff; Meyer, Jacques, de Heispelt; Mongenast, Mathias, de Diekirch; Philipp, Jean Pierre, d'Ettelbruck; Schaak, Nicolas, d'EschSûre; Wampach, Jean, de Medernach; Welter, Jean, d'Erpeldange ; Weydert, Nicolas, de Betzdorff.

De la Ve Classe : Reichel, Louis, de Niederwampach; Schaack, François, de Welscheid ; Thiel Jean de Stolzembourg.

De la VIe Classe: Heiderscheid, Henri, de Wolwingen ; Meyers, Pierre, d'Erpeldange ; Schaack. Arnold, de Wiltz; Warnimont, Nicolas, de Tuntingen. De la classe préparatoire : Horstmann, Joseph, d'Echternach ; Hosinger François, de Merscheid ; Lenger, Ernest, de Differt ; Neidhöfer, Hubert, de Kinheim ; Schiltz, Nicolas, de Mersch ; Wecker, Victor, de Paris; Weiland, Pierre, de Bettendorff.

b) Dans le courant de l'année scolaire 1860—1861; de la IVe Classe : Hubier, Antoine, de Luxembourg.

De la Ve Classe : Bourg, Gaspard, de Bastendorff.

De la VIe Classe : Alesch, Michel, de Heiderscheid. Des cours industriels: Muttergé, Paul, de Clervaux; Bettendorff, Joseph, de Diekirch.

De la classe préparatoire : Bourscheid, Jean, de Brandenbourg ; Hosinger, Emile, d'Ell; Beringer Nicolas de Diekirch.

Points correspondants aux chiffres

QUI INDIQUENT AUX BULLETINS TRIMESTRIELS LES PROGRÈS DES ÉLÈVES.

Chiffres	VALEUR DES CHIFFRES.		Nombre de points requis pour les cours ayant un maximum de :		
			70	63	56
1	Vortreffliche.	Eminents.	70	63	56
2	Ausgezeichnete.	Distingués.	69 à 65	62 à 58	55 à 51
3	Sehr genügende.	Très-satisfaisants.	64 à 55	57 à 48	50 à 42
4	Genügende.	Satisfaisants.	54 à 35	47 à 31	41 à 28
5	Ziemliche.	Passables.	34 à 25	30 à 22	27 à 19
6	Mittelmäßige.	Médiocres.	24 à 15	21 à 13	18 à 11
7	Schwache.	Faibles.	14 à 5	12 à 4	10 à 3
8	Keine.	Nuls.	4 à 0	3 à 0	2 à 0

COURS DE LA SECTION HUMANITAIRE : *Le latin a un maximum de 70 points ; le grec et les mathématiques ont un maximum de 63 points, et tous les autres cours obligatoires un maximum de 56 points.*

COURS DE LA SECTION INDUSTRIELLE : *Les mathématiques, la physique et la chimie ont un maximum de 70, et tous les autres cours de 63 points.*

CLASSE PRÉPARATOIRE : *Tous les cours ont un maximum de 70 points.*

Points requis pour l'obtention d'un prix ou d'un accessit dans les diverses classes.

	En IIIe	En IVe	En Ve	En VIe	En préparatoire.
Pour un prix	1562	1380	1380	1172	1180
Pour un accessit	1444	1276	1276	1084	1100

Dans les cours industriels ce nombre est fixé à $^{11}/_{14}$ du maximum pour un prix, et à $^{10}/_{14}$ pour un accessit.

Tableau des élèves

qui reçoivent

des prix et des accessits,

avec indication des points obtenus dans les diverses branches.

A) CLASSES GYMNASIALES.

PRIX et ACCESSITS.	Noms, Prénoms et LIEU DE NAISSANCE.	Points obtenus dans les différentes branches.								
		Religion.	Allemand.	Français.	Latin.	Grec.	Mathématiques.	Histoire et géographie.	Histoire naturelle.	Total.
III. CLASSE. — *Prix d'éminence.*										
	Maximum des points.	224	224	224	280	252	252	224	224	1904
1. Prix.	Wampach, Théodore, de Mersch . .	207	194	189	249	224	204	209	202	1678
2. »	Mouchen, Auguste, d'Echternach . .	191	194	209	254	205	189	199	187	1628
3. »	Thul, Michel, de Michelau	195	206	144	226	231	177	197	203	1579
1. Accessit.	Herr, Edouard, d'Ettelbruck . . .	189	171	150	215	196	193	188	196	1498
2. »	Frommes, Nicolas, de Reisdorff . . .	186	188	144	211	188	187	191	173	1468
3. »	Hamus, Jean, d'Eschweiler.	180	165	142	220	183	199	184	171	1444
IV. CLASSE.										
	Maximum des points.	224	224	224	280	252	252	224	"	1680
1. Prix.	Manderscheid, Bernard, de Niederwampach.	200	209	205	243	239	214	195	"	1505
2. »	Schmit, François, de Wilts.	200	179	191	240	231	193	195	"	1429
3. »	Betz, Pierre, de Welscheid.	198	206	155	248	232	195	194	"	1428
1. Accessit.	Huss, Nicolas, de Diekirch.	201	202	174	207	215	172	193	"	1364
2. »	Trausch, Nicolas, de Selscheid . . .	184	181	158	231	211	190	181	"	1336
3. »	Weicherding, Jean, de Brachtenbach.	194	173	187	209	198	157	184	"	1302
4. »	Behm, Henri, de Sœul	190	195	183	229	196	123	178	"	1294
V. CLASSE.										
	Maximum des points.	224	224	224	280	252	252	224	"	1680
1. Prix.	Cravat, Nicolas, de Wilts	209	210	193	246	228	174	199	"	1450

PRIX et ACCESSITS.	Noms, Prénoms et LIEU DE NAISSANCE.	Points obtenus dans les différentes branches.								
		Religion.	Allemand.	Français.	Latin.	Grec.	Mathématiques.	Histoire et Géographie.	Histoire naturelle.	Total.
2. Prix.	Arens, Édouard, de Weiswampach. .	208	199	187	237	225	149	192	„	1397
3. »	Waltzing, Nicolas, de Heispelt . . .	198	186	193	215	216	178	194	„	1380
1. Accessit.	Bücheler, Pierre, d'Eppeldorff. . . .	202	179	179	218	205	189	186	„	1358
	Schiltges, Jean, de Basbellain. . . .	193	184	162	238	217	180	184	„	1358
2. »	Nauert, Michel, d'Eschdorff.	191	174	142	234	196	206	190	„	1333
3. »	Keipes, Jean-Pierre, de Knaphoscheid.	207	187	146	228	195	142	189	„	1294
4. »	Wiroth, Emil, de Diekirch	196	180	164	246	200	130	161	„	1282

VI. CLASSE.

	Maximum des points.	224	224	224	280		252	224	„	1428
1. Prix.	Loutsch, Nicolas, de Tarchamps . . .	207	192	203	255	„	203	197	„	1257
2. »	Schmit, Florentin, de Diekirch . . .	206	204	198	260	„	172	203	„	1243
3. »	Peiffer, Jean, d'Eppeldorff	210	194	189	232	„	195	209	„	1229
4. »	Jung, Jean-Pierre, d'Itzig	208	207	188	240	„	140	207	„	1190
1. Accessit.	Pütz, Michel, de Gilsdorff	196	192	170	245	„	164	176	„	1143
2. »	Wagner, François, de Heiderscheid .	187	191	204	230	„	139	176	„	1127
3. »	Pott, Henri, d'Oborfeulen	195	190	170	225	„	155	180	„	1115
4. »	Mongenast, Jean-Pierre, de Diekirch .	192	178	185	235	„	129	185	„	1104
5. »	Kayser, Pierre, de Michelbuch . . .	193	174	160	225	„	162	184	„	1098

B) COURS INDUSTRIELS. — Prix particuliers.

Le maximum des points est 280 pour les mathématiques, la physique et la chimie, et 252 pour les autres cours.

1. Division supérieure.

Krix, Nicolas, de Diekirch, accessit en religion (190).

2. Division inférieure.

Heinen, Jean, de Noidhausen. 1. Prix de religion (212) et de langue française (204) ; 2. Accessit de mathématiques (202) et de langue allemande (180).

Lang, Joseph, de Diekirch. 2. Prix de religion (210) ; 2. Accessit d'histoire naturelle (182) et 3. Accessit d'histoire et géographie (188).

Reding, Félix, de Diekirch. 1. Prix de mathématiques (222) et d'histoire naturelle (204) ; 4. Prix de religion ; 2. Accessit de langue allemande (191) et d'histoire et géographie (189).

Schammel, Jean-Pierre, d'Ingeldorff. 1. Prix de langue allemande (209) et d'histoire et géographie (200) ; 3. Prix de religion (205) ; 1. Accessit de langue française (180) et 3. Accessit d'histoire naturelle (180).

Simon, Jean-Pierre, de Diekirch. 5. Prix de religion (201) ; 1. Accessit de mathématiques (206), de langue allemande (195), d'histoire naturelle (193) et d'histoire et géographie (190).

C) CLASSE PRÉPARATOIRE.

PRIX et ACCESSITS.	Noms, Prénoms et LIEU DE NAISSANCE.	Points obtenus dans les différentes branches.								
		Religion.	Allemand.	Français.	Latin.	Grec.	Mathématiques.	Histoire et Géographie.	Histoire naturelle.	Total.
	Maximum des points.	280	280	280	"	"	280	280	"	1400
1. Prix.	Baudrux, Firmin, de Habay-la-Neuve.	271	252	269	"	"	264	261	"	1317
2. »	Roding, Jean, de Dahl	271	264	247	"	"	269	262	"	1313
3. »	Theato, Dominique, d'Echternach . .	232	258	252	"	"	239	250	"	1231
4. »	Wagener, Nicolas, de Dollen	254	253	234	"	"	256	218	"	1215
1. Accessit	Lortz, Joseph, de Trèves	221	229	236	"	"	230	237	"	1153
2. »	Belen, Antoine, de Diekirch	227	239	247	"	"	203	226	"	1142
3. »	Schaul, Guillaume, de Merscheid . .	218	243	231	"	"	229	210	"	1131
4. »	Majerus, Jean, de Welscheid	230	232	163	"	"	242	235	"	1114

D) COURS SPÉCIAL DE LANGUE ALLEMANDE
pour les élèves français.

Prix unique: Baudrux, Firmin, de Habay-la-Neuve. Accessits: Kemen, Alexis, de Reims, et Schmit, Jules, de Reims.

E) DESSIN.
a) Dessin géométrique: Projections, architecture, perspective.

1. Prix: Frommes, Nicolas, de Reisdorff.
2. » Schiltz, Jean Michel, de Bous, et Wampach, Théodore, de Mersch.
3. » Weiler, Maximilien de Michelau et Huss Nicolas, de Diekirch.
1. Accessit: Duvivier, François, de Redange et Nauert,

Michel, d'Eschdorff.
2. Accessit. Jaas, Philippe, de Calmus; Peffer, J. P., de Wiltz et Richard, Rodolphe, de Niederesgegen.
3. » Majerus, Th., de Niederfeulen et Kayser, Pierre, de Michelbuch.

b) Dessin d'agrément: Têtes, fleurs, paysages, ornements.

1. Prix: Sassel, Nicolas, de Lullange.
2. » Schmit, François, de Wiltz.
3. » Probst, Jean-Pierre, de Lullange.
1. Accessit. Arens, Edouard, de Weiswampach.

2. Accessit. Cravat, Nicolas, de Diekirch, et Mongenast, Jean-Pierre, de Diekirch.
3. » Liger, Jos., de Diekirch et Demuth, d'Ech et J. S.

F) CALLIGRAPHIE.
a) Divison industrielle inférieure.

1. Prix: Even, Christophe, de Bastendorff.
2. » Simon, Jean-Pierre, de Diekirch.

Accessits: Schammel, Jean-Pierre, d'Ingeldorff et Reding, Félix, de Diekirch.

b) *Classe préparatoire.*

1. Prix: Thilges, Edmond, de Niederagegen.
2. » Kemen, Alexis, de Reims.
3. » Wagener, Nicolas, de Dellen.

Accessits: Majerus, Jean, de Welscheid; Lortz, Joseph, de Trèves; Bettendorff, Servais, de Diekirch; Schaul, Guillaume, de Merscheid; Reding, Nicolas, d'Oberfeulen; Kleuls, Nicolas, de Heiderscheid; Schmit, Jules de Reims; Gindorff, Antoine, de Diekirch.

G) COURS DE CHANT.

a) *Division supérieure.*

1. Prix: Cravat, Nicolas, de Wiltz et Jaas, Philippe, de Calmus.
2. » Arens, Edouard, de Weiswampach; Henrion Jean-Pierre, de Clervaux; Huss, Nicolas, de Diekirch.

Accessits: Kohn, Jean Pierre, de Diekirch; Sassel, Nicolas, de Lullange; Wiroth, Emil, de Diekirch; Liger, Joseph, de Diekirch; Demuth, Jean-Pierre d'Esch s. l. S.; Heinen; Jean, de Troisvierge; Schmit, François de Wiltz; Weiler, Maximilien, de Michelau; Munchen, Auguste, d'Echternach; Waltzing, Nicolas, de Heispelt; Buchler, Pierre, d'Eppeldorff; Probst, Jean Pierre, de Lullange; Müllang, Nicolas, d'Ingeldorff; Duvivier, François, de Redange; Manderscheid, Bernard, de Niederwampach.

b) *Division inférieure.*

1. Prix: Kayser, Pierre, de Michelbouch.
2. » Pott, Henri, d'Oberfeulen.

Accessits: Schramm, Isidore, de Luxembourg; Lortz, Joseph, de Trèves; Martinengo, Adolpho, de Coblence; Kleuls, Nicolas, de Heiderscheid; Hoffmann, Guillaume, de Kehmen; Liger, Félix de Diekirch, Besseling, Mathias, de Vianden.

H) COURS DE GYMNASTIQUE.

a) *Division supérieure.*

1. Prix: Behm, Henri, de Seoul.
2. » Schrantz, Charles, de Diekirch.
3. » Reding, Félix, de Diekirch.

1. Prix: Kemen, Alexis, de Reims.
2. » Schmit, Léopold, de Diekirch.
3. Bettendorff, Servais, de Diekirch.

Accessits: Neuens, Charles, de Vianden; Majerus Jean, de Welscheid; Majerus, Théodor, de Niederfeulen; Scharlé, Mathias, de Bottendorff; Arens, Edouard, de Weiswampach.

b) *Division inférieure.*

Accessits: Lang, Joseph, de Diekirch; Theato, Dominique, d'Echternach; Krombach, Eugène, de Diekirch; Kleuls, Nicolas, de Heiderscheid.

Aufnahme der Schüler für das Schuljahr 1860—1861.

Admission des élèves pour l'année scolaire 1860—1861.

Die Eröffnung des nächsten Schuljahres ist auf Montag, den 7. Oktober, festgesetzt.

Dienstag, den 8. Oktober, werden die Schüler, welche schon früher die Lehrcurse der Anstalt besucht haben, für ihre respectiven Klassen eingeschrieben, und die neu aufzunehmenden haben sich, mit einem Geburtsscheine und einem von ihrem frühern Lehrer über Fähigkeit und sittliches Betragen ausgestellten Zeugnisse versehen, beim Direktor zu melden.

Mittwoch, den 9. Oktober, bestehen die neu aufzunehmenden Schüler und diejenigen, deren Aufnahme in eine höhere Klasse durch ein Examen über einen oder mehrere Unterrichtszweige bedingt ist, des Morgens um 8 Uhr eine schriftliche und des Nachmittags um 2 Uhr eine mündliche Prüfung vor der von dem Direktor zu diesem Behufe ernannten Commission.

Um aufgenommen zu werden, muß der Schüler 12 Jahre alt sein und diejenigen Kenntnisse besitzen, welche erfordert sind, um die Curse der Klasse, in die er einzutreten wünscht, mit Erfolg zu besuchen.

Im Falle von außergewöhnlichen, durch die Aufnahmeprüfung erwiesenen Fähigkeiten, kann der Hr. Staatsminister-Regierungspräsident die Aufnahme von Schülern gestatten, welche noch nicht volle 12 Jahre alt sind.

Außerdem unterliegt die Aufnahme jedes Schülers, welcher sich 15 Tage nach dem Beginn der Curse meldet, der Ermächtigung des Hrn. Staatsministers, Präsidenten der Regierung (Art. 14 des Reglements vom 7. Juni 1861).

La rentrée de l'année prochaine est fixée au lundi 7 octobre.

Le mardi, 8 octobre, les élèves qui ont déjà antérieurement suivi les cours de l'établissement, seront inscrits pour leurs classes respectives, et ceux qui désirent être admis, devront se présenter au directeur, munis d'un extrait de leur acte de naissance et d'un certificat de capacité et de bonne conduite délivré par leurs instituteurs ou professeurs précédents.

Le mercredi, 9 octobre, les élèves qui désirent être admis, et ceux dont l'avancement à une classe supérieure est subordonné à un examen sur une ou plusieurs branches d'enseignement, subiront, le matin à 8 heures, un examen par écrit, et l'après-midi à 2 heures, un examen oral devant une commission instituée à cet effet par le directeur.

Pour être admis, l'élève doit être agé de 12 ans, et avoir les connaissances nécessaires pour pouvoir suivre avec succès les cours de la classe dans laquelle il désire entrer.

En cas de capacités extraordinaires, justifiées par l'examen d'admission, Monsieur le Ministre d'Etat, Président du Gouvernement, peut autoriser l'admission d'élèves ayant moins de 12 ans accomplis.

L'admission de tout élève qui se présente 15 jours après le commencement des cours, est en outre subordonné à l'autorisation de Monsieur le Ministre d'Etat. Président du Gouvernement (Art. 14 du règlement du 7 juin 1861).

Les élèves de France et de Belgique qui désirent être admis au programme, doivent savoir lire et écrire le français et connaître les premiers principes de grammaire et d'arithmétique. — La première année de leur entrée, on leur donnera un cours spécial et gratuit de langue allemande. — Ils se serviront pour l'instruction religieuse, des catéchismes et des histoires de la Bible en usage dans leurs diocèses respectifs.

Die zahlfähigen Zöglinge entrichten bei ihrem Eintritt in die Vorbereitungsklasse oder in die Industriekurse ein halbjährliches Minerval von 20 Franken. Für die übrigen Klassen beträgt das Minerval 25 Franken halbjährlich.

Die Conferenz der Professoren kann gänzliche oder halbe Befreiungen vom Minerval bewilligen.

Diese Befreiung können nachsuchen:

1° Bei ihrem Eintritt in die Anstalt, diejenigen vermögenslosen Schüler, welche einen Preis bei den Concursen der Primärschulen, oder einen der ersten Preise der durch sie besuchten Primärschule erhalten haben;

2° Diejenigen vermögenslosen Schüler, welche am Schluß des vorigen Schuljahres einen allgemeinen Preis, oder in der ersten Classe der Gewerbschule einen Preis in drei Unterrichtszweigen erhalten haben.

Die Gesuche um Befreiung vom Minerval müssen von einem Auszug aus den Steuerrollen oder von irgend einer andern, durch die Conferenz für nöthig erachteten Bescheinigung begleitet sein (Art. 53 des Reglements).

Die Befreiungen werden nur auf ein Jahr bewilligt. Wenn zu Ende des Schuljahres der befreite Schüler nicht wenigstens ein Accessit in seiner Classe erhalten hat, so genießt er im folgenden Schuljahre die Befreiung nicht mehr (Art. 54 des Reglements).

Die Conferenz der Professoren kann einem Schüler, welcher wegen schlechten Betragens die Befreiung vom Minerval nicht mehr verdient, diese Begünstigung für's zweite Halbjahr entziehen (Art. 55 des Reglements).

Der Schüler, welcher die Anstalt im Laufe des Semesters verläßt, oder welcher wegen schlechten Betragens entfernt wird, hat keinen Anspruch auf Rückerstattung des entrichteten Minervals (Art. 56 des Reglements).

Donnerstag, den 11. Oktober, Morgens um 8 Uhr, wohnen sämmtliche Schüler mit den Lehrern der Messe zum h. Geiste bei, und versammeln sich darauf unmittelbar in dem großen Saale der Anstalt, wo ihnen das Reglement über innere Zucht und Ordnung vorgelesen wird.

Freitag, den 11. Oktober, um 8 Uhr des Morgens, beginnen die Lehrcurse.

A leur entrée les élèves solvables de la classe préparatoire et des cours industriels paient 20 frs., et ceux des humanités 25 frs de minerval semestriel.

La conférence des professeurs peut accorder l'exemption du paiement du minerval, pour le tout ou pour la moitié.

Peuvent réclamer cette exemption :

1° A leur entrée à l'établissement, les élèves sans fortune qui ont remporté un prix au concours des écoles primaires, ou bien un des premiers prix de l'école primaire qu'ils ont fréquentée ;

2° Les élèves sans fortune qui, à la fin de l'année scolaire précédente, out remporté un prix général, ou qui, à la première classe de l'école industrielle ont remporté un prix dans trois branches de l'enseignement.

Les demandes en exemption du paiement du minerval doivent être accompagnées d'un extrait des rôles des contributions ou de tout autre certificat que la conférence trouve nécessaire de faire produire (Art. 53 du règlement).

Les exemptions ne sont accordées que pour un an. Si, à la fin de l'année, l'élève exempté ne figure pas au moins parmi les accessits de sa classe, il ne jouira plus de 'l'exemption pendant l'année scolaire subséquente (Art. 54 du Règl.).

La conférence des professeurs peut retirer pour le second semestre l'exemption du paiement du minerval, à tout élève qui, à cause de sa mauvaise conduite, ne mérite plus cette faveur (Art 55 du Règl.).

L'élève qui quitte l'établissement dans le courant du semestre, ou qui est renvoyé pour inconduite, n'a aucune répétition à exercer du chef du minerval qu'il a acquitté. (Art. 56 du Règl.).

Le jeudi, 10 octobre, tous les élèves assisteront avec leurs professeurs, à la messe du saint-Esprit, et se réuniront immédiatement après dans la grande salle de l'établissement, où leur sera donnée lecture du règlement de discipline et d'ordre intérieur.

Le vendredi, 11 octobre, à 8 heures du matin, les cours entreront en activité.

Bei ben Bürgern ber Stabt können bie auswärtigen Schüler zu sehr mäßigen Preisen, ein anständiges Unterkommen finden; sie müssen aber, gemäß reglementarischer Bestimmung, bie Wohnung und bas Kosthaus, welches sie wählen wollen, vorläufig ihrem Hauptklassenlehrer angeben, ber ihnen, nachbem er bas Gutachten bes Direktors eingezogen, geeigneten Falles über biese Wahl Bemerkungen macht. Sind bie Wohnung und bas Kosthaus einmal genehmigt, so bürfen bie Schüler es nicht verlassen, ohne ihren Klassenlehrer und ben Direktor hievon in Kenntniß gesetzt zu haben.

Der Direktor und bie betreffenden Klassenlehrer besuchen zu unbestimmten Zeiten bie Schüler in ihren Wohnungen, und benachrichtigen burch vierteljährige Censurscheine bie Eltern ober Vormünder über ihr Betragen, ihren Fleiß und ihre Fortschritte.

An ben Sonntagen, ben Donnerstagen und ben gesetzlichen Feiertagen wohnen bie katholischen Schüler gemeinschaftlich und unter gehöriger Aufsicht ber h. Messe bei. Der Religionslehrer bestimmt im Einverständnisse mit bem Direktor bie Tage, an benen sie zu ben h. h. Sakramenten gehen, welches alljährlich wenigstens sechsmal Statt findet.

Les élèves étrangers peuvent être logés et nourris, à des prix très-modérés, chez d'honnêtes bourgeois de la ville; cependant ils sont tenus, en vertu d'une disposition réglementaire, de faire connaître le logement et la pension qu'ils ont choisis, à leur régent de classe, qui, après avoir entendu l'avis du directeur, leur fait, au besoin, des observations sur ce choix. Le logement et la pension une fois agréés, ils ne peuvent plus les quitter sans en avoir prévenu leur régent et le directeur.

Le directeur et les régents de classe respectifs visitent, á des époques indéterminées, les élèves dans leurs logements et leurs pensions, et ils informent, par des bulletins d'études trimestriels, les parents ou tuteurs de leur conduite, de leur application et de leurs progrès.

Les dimanches, les jeudis et les jours légalement fériés, les élèves catholiques assistent à la messe en commun et sous une surveillance convenable. Le professeur de religion, de concert avec le directeur, détermine les jours où ils approchent des saints sacrements ce qui a lieu au moins six fois par an.

Mit ber Anstalt ist ein besonberes Pensionat verbunden, welches unter ber Leitung bes Direktors und ber Aufsicht eines eigenen Repetenten steht. Der jährliche Preis für Wohnung, Nahrung, Heizung und Licht beträgt 500 Franken.

Jeber Zögling muß bei seinem Eintritt in's Pensionat mitbringen:
1 Strohsack, 1 Matratze, lang 1 Meter 75 bis 1 M. 80 und breit 75 bis 80 Centimeter, 1 Hauptpfühl, 1 Kopfkissen, 3 Paar Betttücher, 3 Kissenüberzüge, 2 Decken, 1 Flanellkissen, 1 Kleiderbürste, 1 Zahnbürste, 2 Kämme, 12 Hemben, 6 Handtücher, 6 Taschentücher, 6 Tellertücher, 6 Paar Strümpfe, 1 Festrock und eine beliebige Zahl ber übrigen Kleibungsstücke.

Der Gebrauch ber Kittel ist an ben Schultagen erlaubt.

Jeber Gegenstand wirb mit ber Nummer bezeichnet, welche ber Zögling bei seinem Eintritt erhält.

Il est attaché à l'établissement un pensionnat tenu par le directeur et placé sous la surveillance d'un répétiteur spécial. Le prix annuel pour logement, nourriture, chauffage et éclairage est fixé à 500 francs.

Chaque élève doit apporter à son entrée au pensionnat:
1 paillasse et un matelas longs de 1 mètre 70 à 1 m. 80, et larges de 70 à 80 ctm., 1 traversin, 1 oreiller. 3 paires de draps de lit, 3 taies d'oreiller, 2 couvertures et 1 duvet, 1 brosse pour habits, 1 brosse à dents, 1 démêloir et un peigne fin, 12 chemises, 6 essuie-mains, 6 mouchoirs de poche, 6 serviettes, 6 paires de bas, 1 habit de fête. Le reste du trousseau est libre.

L'usage des blouses est permis aux jours de classe.

Chaque objet sera marqué du numéro que l'élève recevra en entrant.

Auf Verlangen der Eltern liefert das Haus das Bett-
zeug und sorgt für die Wäsche vermittelst einer vierteljäh-
rigen Entschädigung von 15 Fr.

Für weitere Aufschlüsse beliebe man sich an den hier
Unterzeichneten zu wenden.

Stehres, Direktor.

A la demande des parents, la maison fournit la lite-
rie et pourvoit au blanchissage moyennant une indem-
nité de 15 francs par trimestre.

Pour plus amples renseignements s'adresser au
soussigné.

Stehres, directeur.

Vu et approuvé.

Luxembourg, le 9 août 1861.

Le Ministre d'État, Président du Gouvernement,

Baron V. de TORNACO.

Diekirch. — Druck von Jos. Ant. Schröll.